KB263103

심정평화 효정평화

심정평화 효정평화

초판 1쇄 발행 2018년 4월 15일

지은이 박정진
발행인 권선복
편 집 김영진
디자인 서보미
전자책 천훈민
발행처 도서출판 행복에너지
출판등록 제315-2011-000035호
주 소 (07679) 서울특별시 강서구 화곡로 232
전 화 0505-613-6133
팩 스 0303-0799-1560
홈페이지 www.happybook.or.kr
이메일 ksbdata@daum.net

값 13,000원
ISBN 979-11-5602-602-0   13200

도서출판 행복에너지는 독자 여러분의 아이디어와 원고 투고를 기다립니다. 책으로 만들기를 원하는 콘텐츠가 있으신 분은 이메일이나 홈페이지를 통해 간단한 기획서와 기획의도, 연락처 등을 보내주십시오. 행복에너지의 문은 언제나 활짝 열려 있습니다.

심정평화 효정평화

박정진 지음

효정의 빛
온 누리에 희망으로

도서출판 행복에너지

　핵가족화 및 독신가구의 증가와 함께 미풍양속이던 효사상이 저절로 사라져가고 있다. 설상가상으로 삶의 환경은 과학기술문명의 발달로 인해서 기계와 더불어 삶을 영위하는 비율이 차츰 늘어나고 있다. 나날이 파편화되고 있는 삶의 환경은 인간을 점차 기계적 환경의 부품화로 몰아가고 있다.

　오늘날 효사상 부활의 당위성은 우선 인간성 회복이라는 측면에서 긴요한 일이라고 할 수 있다. 그렇지만 농업사회를 중심으로 형성된 유교적, 전통적인 효 관념으로는 현대인을 설득하기 어렵고, 정작 효사상을 체득해야 할 젊은이들과 소통되기도 어렵다.

　동서양 문명사로 볼 때 서양이 동양에 내놓을 수 있는 것은 과학기술이고, 동양이 서양에 내놓을 수 있는 것은 도덕이다. 도덕 가운데서도 효사상이 가장 두드러진다고 할 수 있다. 서양에도 물론 가정이 있고, 부모와 자식 간에 효도를 실질적으로 하는 가정도 많겠지만, 효를 하나의 독립된 사상으로 발전시킨 것은 동양이라고 할 수 있다.

　충사상은 국가에 대한 것이기 때문에 국가가 있는 지역에서는 동서를 막론하고 발달되었지만, 효사상은 동아시아에 널리 퍼진 사상이다. 효는 가장 소박한 이데올로기이고, 반드시 신체적으로 실천이 필요한 것으로서 농경사회에서 크게 발달하였다. 농경과 함께 대가족사회를 이룬 지역에서는 가족 간의 접촉 빈도수가 높았고 효사상이 발달할 수밖에 없었다.

　그렇다면 과학기술사회를 구성하고 있는 현대의 효사상은 어떻게 전개되어야 하고, 구성되어야 하는가. 이번 책은 이러한 문제의식의 바탕에서 쓰인 것이다. 보다 직접적인 계기로서는 효정포럼이 주최하고 세계일보 평화연구소가 주관한 2017년 세계효정포럼8월 30일, 한국프레스센터의 기조연설을 마련하는 과정에서 구체화되었다고 할 수 있다.

현대인의 효사상은 앞으로 좀 더 현실적이고 구체적으로 추진되어야 하며, 보다 바람직한 실천윤리로 자리매김하기 위해서 예의범절로서도 만들어져야 한다. 한 사회, 한 시대는 예악禮樂이 만들어져야 시대적 완성의 의미가 있다. 말하자면 효사상은 우리 시대의 가례家禮로 확립되어 자라나는 청소년들에게 교육되어야 그 진가를 발휘할 수 있다.

이 책에는 따라서 현대인에게 왜 효사상이 필요하고, 그것도 심정心情을 바탕으로 한 효정孝情사상이 어떤 체계와 구조를 갖추어야 살아 있는 문화프로그램이 될 수 있는지를 모색하였다. 정이 없는 인간, 정을 모르는 인간이 대부분인 현대사회에서 심정과 효정이야말로 인류문화에 대한 구원의 손길이다. 심정이 없으면 효정도 있을 수 없다. 효정이 있어야 심정이 알맹이를 갖게 된다.

효정사상은 한자문화권의 공감의 문화, 즉 '반구성의 공감'

의 문화가 인류에게 선물하는, 가정으로부터 평화사상을 실천하는 역지사지의 지혜라고 할 수 있다. 그런 점에서 효정사상은 인류평화를 위한 가장 소박한 실천 덕목의 알파와 오메가라고 할 수 있다. 심정을 바탕으로 부모가 자식을 사랑하고, 자식이 부모에게 효도하는 사상만큼 자연적이고 소박한 이데올로기는 없을 것이다. 효정을 바탕으로 하늘사상에 이르는 것이 효천孝天사상이라고 할 것이다.

　제4차 산업사회의 길목에 있는 현대인이 과도한 기계적 환경에서 인간성을 지켜나가고, 나아가 인간다움의 꽃을 피우기 위해서는 효정이 필수적이다. 효정사상을 통해서 자연스럽게 가정의 기쁨과 행복을 회복해야 한다. 가정은 기쁨의 원천이다. 인간의 자유와 평등과 해방 또한 가정의 기쁨을 바탕으로 구축되어야 안정을 이룩할 수 있다. 앞으로 효정사상의 보다 깊고 풍부한 철학적 기초를 마련하는 데에 분발할 것을 다짐한다. 이번에도 통일사상을 바탕으로 심정문화와 효정에 대한 철학적 담론을 함께 나누어준 세계일보 평화연구소의 동학同學 조형국 박사와 꼼꼼하게 감수를 맡아준 세계일보 논설위원 조정진 박사에게 감

사의 마음을 전한다. 아울러 어려운 출판환경 속에서도 우
리 사회의 행복지수를 높여주고 있는 도서출판 행복에너
지 권선복 사장에게도 고마운 마음을 전한다.

2018년 2월

옥담玉潭 박정진 씀

한국인의 천지인사상,
심정·효정평화론으로 부활하다

　세계일보 평화연구소장을 맡고 있는 문화인류학자이자 철학자인 박정진 선생이 2018년 봄을 맞아『심정평화 효정평화』라는 저서를 세상에 내놓았습니다. 2016년 이미 두 권의 대작『평화는 동방으로부터—동아시아적 사유의 새로운 지평』과『평화의 여정으로 본 한국문화—세계평화를 위한 한국인의 지혜』를 내놓은 그가 한국 고유의 천지인사상 입장에서 효의 가치와 한국문화, 심정문화에 대한 새로운 해석을 통해 우리 시대, 인류의 미래를 위한 가치관, 평화철학을 제시한 것입니다. 대단한 노력과 열정에 감사와 함께 축하의 말씀을 드립니다.

오늘날 우리는 화려한 디지털 기술과 인공지능AI이 열어 밝힐 세상에 흥분하고 있습니다. 4차 산업혁명이 주도할 새로운 세상을 준비해야 한다며 여기저기서 정신이 없습니다. 그런데 다른 한편으로 우리는 심한 우울증과 가정의 해체 등을 겪으며 수많은 사회문제에 직면하고 있습니다. 높은 자살률과 고독사 증가, 그리고 각종 폭력 등의 문제로 우리는 진정 행복한 삶을 살고 있다고 말하기가 부끄러워집니다. 고령화 추세와 저출산 문제로 수많은 대책을 마련하고 나라 경제를 걱정하지만 왠지 정책의 근본적 방향성에 대해 갸웃할 때가 많습니다. 세계적으로는 기후변화와 테러 그리고 난민문제 등 우리는 지금 다양한 위기에 직면하고 있습니다.

도대체 무엇이 문제인 것입니까. 오늘날 평화로운 삶은 왜 이렇게도 어려운 것일까요. 욕망의 극대화를 추구하며 초인이 된다면 우리는 진정 평화로운 삶을 살 수 있을까요.
하늘과 땅과 사람 사이, 그 사이를 사이좋게 나눌 지혜는 무엇일까요. 동서고금을 막론하고 천지중인간天地中人間이 인중천지일人中天地一을 이룰 삶의 지혜와 방법은 무엇일까요. 박정진 선생의『심정평화 효정평화』출간과 더불어 우리는 평화세계를 위한 '평화대사'로서의 지혜와 역할을 생각해봅니다.

  그동안 평화대사 교육을 맡아 왔던 저는 박정진 선생의 이 책을 읽으며 잠시 제 삶을 돌이켜 보았습니다. 그 순간 하나의 화두가 떠올랐습니다. 그것은 바로 '평화'입니다. 제 삶의 화두도 바로 평화였습니다. 저는 일찍이 문선명, 한학자 총재님의 명을 받들어 5만여 분의 한국 지도자들을 모시고 미국과 일본에서 교육을 담당한 적이 있습니다. 바로 '평화대사 교육'입니다. 이 교육을 통해 한반도의 평화·통일은 물론 세계평화를 위한 한국인의 가치관과 역할 그리고 나아갈 방향에 대해 이야기하였던 것입니다. 이러한 평화대사 교육을 적극 격려해주시고 후원해 주신 총재님 양위분께서는 일찍이 세계평화반도국가연합을 창설 1996.8.20. 한국 서울 쉐라톤워커힐호텔하시며 '21세기에 있어서 반도국가의 역할'이라는 말씀을 주신 적이 있습니다. 심정·효정평화론 개설서인『심정평화 효정평화』를 읽으며 더불어 생각이 나서 그 말씀의 일단을 소개해 봅니다.

　"개체와 자국의 이익을 넘어서서 위하고 신뢰하며 살아야 할 평화세계를 이루고, 또 이를 지탱할 새 가치관을 어떻게 정립하겠습니까. 과학과 기술의 찬란한 누각 위에서 인본주의의 안경을 끼고 물신物神의 유혹 아래서가 아니라 본심의 문을 열고 겸허하게 답을 찾아야 한다는 것입니다. 땅에서 찾지 못하면 하늘로부터 오는 소리를 통하여 해결을 보아야 합니다."세계평화통일가정연합, 『平和經(평화경)』, 1377쪽

　그렇습니다. 이제 우리는 하늘로부터 오는 소리, 하늘부모님의 심정의 소리에 응대해야만 살길이 열립니다. 인간의 욕망, 물신의 유혹, 권력과 전쟁의 패러다임으로는 더 이상 평화세계를 담보할 수가 없습니다. 더 이상 지체할 시간도 없습니다. 인류의 공멸을 막기 위해서 우리는 하늘로부터 오는 새로운 가르침에 귀 기울여야 합니다. 저는 그것이 바로 『심정평화 효정평화』라고 생각합니다. 국가·종교·인종·문화 그리고 이데올로기의 장벽을 허물고 '한 하나님 아래 한 가족' 이상을 실현하기 위한 새로운 가치, 새로운 실천이 바로 효정의 가치, 효정문화운동이라고 생각합니다. 그래서 저는 요즘 효정포럼을 전국적으로, 더 나아

가 세계적으로 확산시키기 위해 노력하고 있습니다.

2018년 무술년 새 봄, 『심정평화 효정평화』의 출간은 참으로 기쁜 소식이요 반가운 일이 아닐 수 없습니다. '위기가 곧 기회'라는 말이 있습니다. 그리고 '가장 위험한 순간에 그러나 구원의 힘도 함께 자라고 있다'라고 읊은 시인도 있습니다.

2018년, 한민족에게 가장 위기이면서도 기회가 될 이 절체절명의 시기에 『심정평화 효정평화』가 나왔습니다. 특별히 애천愛天·애인愛人·애국愛國의 창간 이념을 대사회적으로 널리 소개하고 있는 세계일보 평화연구소의 노력으로 본서가 출간됨을 매우 뜻깊게 생각합니다. 세계일보 부회장으로서 본사의 창간 이념을 새롭게 해석하고 평화의 새로운 지평을 열어준 박정진 선생의 노고에 대해 진심으로 감사의 말씀을 드립니다. 효정문화운동과 평화를 증진하는 역사에 이정표 역할을 하리라 확신합니다.

2018년 3월 1일

세계일보 부회장 겸
효정포럼 이사장 **윤 정 로**

목차

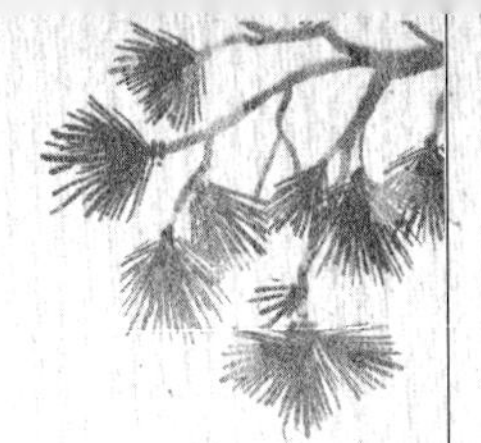

제1장

이성적 인간에서
심정적 인간으로

　신에게는 이성적 특성과 감성적 특성이 동시에 존재한다. 현상학의 차원에서는 이 둘이 별도로 존재하는 것 같지만 존재론적 차원에서 이 둘은 함께 그리고 동시에 존재한다. 이성을 강조하는 로고스logos의 신이 강조되면서 인간이 신을 증명하든가, 신이 인간을 보증하는 시대로 접어들었다. 그러면서 감성을 강조하는 파토스pathos의 신은 어느덧 멀어지기 시작했다. 로고스의 신은 인간으로 하여금 기계를 섬기게 하였고, 오늘날 세계는 과학기술만능의 시대가 되었다. 이제 기계가 신의 행세를 하고 있는 지경에 이르렀다.

　과학기술만능시대로부터 인간성을 지키는 일은 한편으

로는 과학기술에 적응하면서 동시에 그것과는 반대의 감정과 감성의 세계를 지키는 노력을 하고 긴장하는 것이다. 그러지 않으면 인간성은 결국 기계의 부품으로 전락하고 말 것이다. 심하게 말하면, 이제 인간은 전인적인 인간상을 잃어버리고 온갖 정신질환에 걸리고 말 것이다. 인간은 기계가 아니기 때문이다. 오늘날만큼 파토스의 신을 요청해야 하는 시대는 없을 것이다.

로고스의 시대가 남성적 특성과 연결되었다면 파토스는 여성적 특성의 부활을 요청하게 된다. 여성적 특성이란 바로 심정적 존재로서의 인간을 말한다. 남성적 특성은 이성-이기심利己心과 연결되었다면 여성적 특성은 감성-이타심利他心과 연결된다. 남성적 특성의 시기도 도덕적 이성이나 이타심이 발휘되지 않은 것은 아니지만 아무래도 이성은 결국 '도구적 이성' 쪽으로 경도되었던 게 사실이다. 오늘날 과학기술만능시대는 이를 잘 말해주고 있다.

이에 비해 여성은 이타심으로 출발하는 존재적 특성을 가지고 있다. 무엇보다도 생명을 잉태하고 생명을 양육하는 데 솔선하지 않을 수 없는 신체적 존재이기 때문이다. 만약 갓난아이에게 어머니의 양육과 훈육이 없다면 어른으로 성장하는 것은 불가능하였을 것이다. 이러한 특성이 모두 자연이 베풀어준 것이라거나 본능이라고 말할 수도 있지만 문화는 그것을 북돋운 게 사실이고, 인류가 인구를 증가시키고, 인구를 부양하기 위해 마련한 전략으로서의 성 역할 분담일 것이다. 말하자면 가부장제와 함께 성 역할 분담이 공조해서 오늘날 약 75억의 인구가 되었을 것이다.

지구촌이라 불릴 만큼 이제 세계는 하나의 마을처럼 변했지만 우리는 도리어 정에 굶주리고 있다. 가족 구성원이 서로 바쁜 나머지 지구촌이 좁다고 뛰어다니고 서로 다른 인종끼리도 친구처럼 지내야 하지만 정작 자신의 뿌리가 되는 가정은 잃어버리고 있는 셈이다. 여성도 대체로 사회에서 직업을 갖는 맞벌이 주부가 되고, 어린아이는 어머니의 얼굴을 볼 여가가 없어진 것이다. 개인주의는 자칫 이기주의로 변하고, 지나친 경쟁으로 인해 함께 살아야 하는 공생의 정신을 잃어버리기에 안성맞춤이다.

인간에게는 이기심과 이타심이라는 두 개의 마음과 얼굴이 있다. 유전학적으로 이기적 유전자에 대해서는 이미 널리 알려져 있지만, 이타적 유전자에 대해서는 상대적으로 덜 알려져 있는 편이다. 이기적 유전자는 인간이 역사

속에서 생존하기 위해서 필요한 유전자로 생각된다. 반대로 이타적 유전자는 인간의 크고 작은 집단 속에서 집단의 생존과 함께 집단 내에 있어야 할 희생과 사랑, 그리고 인류평화를 유지하기 위해 필요한 유전자로 생각된다.

이기심과 이타심을 유전자를 통해서 살펴보는 것뿐만 아니라 역사현상학적으로 보면 남성은 전사戰士로서 이기심집단이기심을 길러왔고, 여성은 가정을 이끌어가는 주부主婦로서 이타심집단이타심을 길러온 것으로 평가된다. 이것은 본능이면서도 문화적 형태로 만들어져 왔다.

쉽게 말하면 남성이라는 전사가 없었으면 국가는 유지되지 못했을 것이다. 그래서 우리는 흔히 역사를 가부장-국가사회의 문명사와 동의어로 보게 된다. 마찬가지로 여성의 이타심과 희생정신이 없었다면 인류는 지금까지 생존해 오지 못했을 것이다. 출산과 양육과정에서 여성의 이타심과 희생정신이 없었다면 인구는 증가하지 못했을 것이 확실하다.

이기심과 이타심은 사회적으로 나타날 때는 권력과 평화라는 말로 대체할 수 있다. 역사는 현상학적으로 볼 때는 주체-대상, 절대-상대의 프레임에서 권력 경쟁을 하게 된다. 누가 주인-지배자왕과 귀족과 사용자가 되고, 누가 대상-피지배자노예와 노동자가 되느냐의 경쟁·갈등의 문제가 노출된다.

그렇지만 미래여성시대에는 심정존재론으로 역지사지하는 공감 정신의 발양과 함께 인류는 공동존재로서 살아가게 될 것이다. 여성시대에는 상대적인 관점에서 남성-자아-이기심보다는 여성-무아無我-이타심이 사회운영의 중심이 되는 시대가 전개될 가능성이 높다. 이성보다는 감성, 원리보다는 심정心情, 사랑[1]이 새로운 가치로 평가될 것이다. 자아-중심과 이성-중심은 이기심으로부터 완전히 자유로울 수 없다.

인류는 이제 이성과 지성의 시대에서 감성과 공감의 시

---

1 한국사회에서 흔히 사용되는 심정(心情)이라는 용어에 대해 세계평화통일가정연합에서는 특별한 철학적 의미를 부여하고 있다. 가정연합의 사상을 철학적으로 정리해 놓은 『통일사상요강』에 의하면, 심정은 '사랑하면서 기뻐하려는 정적인 충동'이라고 개념 정의하면서 심정의 하나님을 소개하고 있다. 이는 한국의 역사와 문화전통에서 길어낸 개념임과 동시에 한국인의 삶 속에 와 닿은 하나님을 개념적으로 붙잡은 용어이다. '2017세계효정포럼'의 전체 주제인 '하늘 대한 효정, 세상의 빛으로'라는 의미도 심정의 하나님, 하늘부모님에 대한 효정(孝情)이 오늘날 물질만능주의와 기계화로 치닫고 있는 문명의 병을 치유할 수 있는 덕목으로 보고 있다는 것을 확인할 수 있다. 가정연합에서 주장하는 심정과 심정문화에 대한 자세한 내용은 다음을 참조하면 된다. 세계평화통일가정연합, 『천성경(天聖經)』, 성화사, 2013; 세계평화통일가정연합, 『평화경(平和經)』, 성화사, 2013; 통일사상연구원, 『통일사상요강-두익사상』, 성화사, 1993; 조형국, 『심정진리의 숲길』, 행복에너지, 2017.

대로 나아가야 한다.[2] 공감은 감정이 없으면 성립될 수가 없다. "감정은 인류가 진화 과정에서 살아남을 수 있도록 해주었다. 두려움이라는 감정 때문에 포유류들은 자신을 먹어치우려는 포식자들의 위협 속에서 살아남을 수 있었고, 격분이라는 감정을 통해 어미는 새끼를 보호하기 위해 침입자와 맞서 싸웠다. 질투심, 모욕감, 애정, 자부심 때문에 인간사회는 나름대로 질서를 가지게 되었다."[3]

인간은 애초에 감정을 통해서 생존을 확보하는 포유류였다가 점차 이성과 지성의 발달로 과학기술문명을 이루었지만, 다시 감정과 공감이 중요한 시대로 나아가고 있다. 인간의 감정은 무엇보다도 전염되는 특성을 가지고 있다.

"우리 뇌 구조의 특징을 일컬어 감성중추인 대뇌변연계의 '열린 고리open-loop' 속성이라고 부르고 있다. 순환계와 같은 '닫힌 고리closed-loop'는 자기조절 작용을 한다. 즉 주변 다른 유기체의 순환계에 어떤 문제가 생긴다고 해도 그로 인해 우리의 순환계가 영향을 받지 않는다는 의미이다.

----

2 제레미 리프킨, 『공감의 시대』, 이경남 옮김, 민음사, 2010. 참조.

3 다니엘 골먼, 리처드 보이애치스, 애니 맥키, 『감성의 리더십』, 장석훈 옮김, 청림출판, 2003, 5~6쪽.

반면 열린 고리체계는 자신을 조절하는 데 있어 외부에 크게 의존한다. 다시 말해서 우리가 우리 자신의 감성적 안정을 유지하기 위해서는 다른 사람들과의 관계에 의지해야 한다."[4]

감정이란 다른 사람과의 관계에 크게 의지하는 특성을 가지고 있다. 사회생활을 위해서는 이성이나 법에 크게 의존하지만, 이에 못지않게 감성에도 크게 의존하고 있음이 드러나고 있다. 감정은 오늘날 '기분'이라는 용어로 확산되어 있다. 감정이 유발되는 곳에는 항상 기분이라는 기조가 흐르기 마련이다. 기분은 감정보다 오래 지속되는 경향이 있다. 공감이란 같은 기분으로 심리적 안정을 유지하게 함으로써 긍정적인 삶의 태도를 갖게 한다. 인간은 '이성적 동물'이기에 앞서 '공감적 동물'이었음을 현대과학기술시대에 오면서 잊어버렸던 것 같다.

공감의 시대에는 무엇보다도 '공감의 철학'이 필요하다. 공감의 철학은 심정의 철학이고, 심정의 철학은 기氣의 철학이다. 동양철학은 주자의 성리학에 의해 '이理철학'으로

---

4 다니엘 골먼, 리처드 보이애치스, 애니 맥키, 같은 책, 26쪽.

이성화도덕적 이성화되었지만 동양철학의 주류는 어디까지나 '기철학'이라고 하지 않을 수 없다. 공자의 인仁은 이理보다는 기氣에 가깝다. 유교는 맹자에 의해 인의仁義의 철학, 의리의 철학으로 기울어졌지만, 원시 유교는 다분히 요즘 말로 하면 '공감의 철학'으로서의 측면이 강하다.

공감의 철학은 또한 여성의 철학이다. 이理철학이나 이성철학은 불가피하게 남성적-지배적 특성을 발휘한다. 이에 비해 여성은 이성보다는 감성을 위주로 살아가는 까닭에 여성적-포용적피지배적 특성을 드러낸다. 여성성의 요체는 공감이다. 아마도 여성이 본능적으로 갓난아이와 공감하지 못한다면, 또 공감하려고 노력하지 않았다면 갓난아이들은 제대로 성장하지 못하고 어른이 되지 못했을 것이다. 만약 여성이 갓난아이를 양육하듯이 남을 대한다면 인간 세상은 평화롭지 않을 수 없을 것이다. 이理는 판단理判하려고 하고, 기氣는 통氣通하려고 한다.

감정이 직관의 다리형식를 넘어 '감성적 직관'이 됨으로써 시간과 공간이 생기게 되었다. 시간과 공간이라는 추상도 감정을 재료로 만들어졌다고 생각하면 감정의 힘을 과소평가할 수 없다. 그렇지만 시간과 공간은 처음 만들어지고

부터 감정을 배반하기 시작했다. 세계가 '계산적인 세계'가 되고만 것은 시간과 공간의 출발과 함께한다. 이때 감성은 경험이고 내용이고, 직관은 선험이고 형식이다. 독일 철학자 임마누엘 칸트의 이러한 정의는 감정을 이미 어떤 형식에 담는 것을 전제하고 있다. 과연 감정이라는 것이 어떤 형식에 담겨서 우리에게 느껴지는 것인가. 그렇지 않은 것 같다.

이때 형식을 말하는 것은 이미 어떤 문화에 길들여짐을 의미한다. 시간이나 공간을 말하는 것도 기존의 문화적 형식이거나 제도임을 알 수 있다. 실질적인 삶에서 고정된 시간과 공간은 없다. 그런데 우리는 추상적인 시공간 속에 살고 있다. 과연 인간 아닌 어떤 존재가 시간과 공간이라는 추상으로 계산하고 그것에 맞추어서 살아가는가. 원시 고대의 인류 조상은 계산보다는 느낌과 감각으로 살아왔다.

인간의 세계 이해존재 이해를 다른 존재에게 강요할 수는 없다. 그러한 이해 자체가 이미 세계를 지배하고 재단裁斷하고 다스리려는 의도를 감추고 있다. 그래서 칸트는 물리학의 세계를 전제하고물리학의 세례를 받고 자신의 도덕철학을 거기에 맞추었다는 비판을 받는다. 마치 자연의 법칙과 같은 도덕철학을 상상했던 것이다. 그런데 감정의 순수함은 반드시 어떤 선험적 형식을 필요로 하는 것 같지는 않다. 감성적 직관의 형식이라는 그물을 통과하기 전에 순수한 감정이 있을 것 같다. 순수이성이 있다면 순수감정이 있을 수 있다.

칸트는 『판단력비판』에서 아름다움美을 '무목적의 합목적성'이라고 정의했다. 말하자면 인간 감정의 풍부하고 다양한 세계를, 혹은 미의식을 합목적적인 것으로 간주하고 말았다. 과연 인간의 감정은 있는 그대로 인정받지 못해야 하는 것인가. 이성은 감정의 세계를 마치 어떻게라도 가두어야 하는 것처럼, 어떤 틀 속에 넣어두어야 직성이 풀리는 것처럼 보인다. 이성은 감정에 대해 왜 그렇게 고자세를 취하는 것인가.

주관적 감정은 객관적인 형식을 갖추어야 제 구실을 하는 것처럼 느껴진다. 감정 그 자체, 경험 그 자체를 존중할 수는 없는 것인가. 예컨대 감정은 그 자체로 존재를 인정받을 수 없는 것인가. 감정이야말로 존재 그 자체가 아닌가. 감정은 이성적지성적 판단처럼 분명하지 않고 애매모호한 영역이 많다. 이러한 애매모호한 영역을 컴퓨터는 인정할 수 없다.

칸트의 『순수이성비판』과 『실천이성비판』은 진리眞와 도덕善의 동일성을 추구하는 특성이 있는 것인데 반해 『판단력비판』은 원천적으로 동일성을 추구할 수 없는 아름다움에 관한 책이다. 감정을 전제로 하지 않을 수 없는 아름다움 혹은 취미 분야는 동일성identity보다는 애매모호함non-identity을 특징으로 한다. 감정의 세계는 중간영역intermediate이다.

인간의 감정이나 심정, 아름다움을 다루는 영역은 매우 경험적이고, 공통적인 상상력imagination이나 공감sympathy을 필요로 한다. 칸트는 도덕을 양심의 정언명령으로 규정함으로써 동일성을 추구하는 것으로 기울게 했지만, 영국의 정치경제학자이자 도덕철학자 애덤 스미스는 그의 『도덕감정론』에서 타인과 역지사지해 보는 인간의 능력을 중요하게 다루었다.

"애덤 스미스가 『국부론』1776에 앞서 1759년에 출판한 도덕론에 관한 저서. 스미스는 이 책에서 홉스 등의 근대 사상가들이 사회질서의 성립 근거를 인간의 이기적 본성으로만 설명한 것을 비판하고 흄의 영향하에 공감이라는 비非

이기적 원리로 도덕 및 법의 기원을 설명하고자 시도하였다. 스미스의 공감은 타인의 환희와 비애를 상상적인 입장의 교환에 의해 추(追)체험하는 문명인의 사회적 능력이며 문명인의 이기주의를 비판하여 루소가 대치한 미개인의 연민과는 다르다. 스미스는 공감에 의한 타인 감정의 공유가 완전히 성립한 경우 그 감정을 동기로 하는 행위의 도덕적 시인이 성립한다고 설명하지만, 공감에 의한 도덕 판단은 그것이 공평한 관찰자에 의한 공감이라는 것을 조건으로 한다. 공평한 관찰자란 사회 일반의 감정과 여론을 체현(體現)한 제3자적 존재이며 그 시점을 사람들이 내면화하여 자신의 반사회적 정념을 자기 규제함으로써 개인의 도덕적 자율(이기심의 사회화)이 가능하게 된다고 하였다. 또한 스미스는 도덕성의 단계를 보통의 사람들이 실현할 수 있는 적의성(適宜性)과 예외적 개인만이 도달할 수 있는 완전한 적의성으로서의 덕으로 구별하고 문명사회의 질서가 덕이 아니라 적의성의 일반적 실현에 의해 유지된다는 것을 시사하였다. 특히 스미스는 정의의 여러 규칙으로서의 소유권과 계약법의 기원과 정의를 집행하는 정부의 정당성의 기초를 신의 의지나 정의의 사회적 효용에 의해서가 아니라 피해자의 분개에 대한 공평한 관찰자의 공감에 의해 설명하고, 로크 등의 사회계약 이론과도 흄의 공리주의와도 다른 근대적인 법질서의 정당화론을 제시하였다. 스미스의 경제학은 이러한 사회질서론을 기초로 하여 비로소 성립한다."[5]

다분히 동양 유교의 영향이 컸던 것으로 추측된다. "애덤 스미스가 『도덕감정론』과 『국부론』에서 당시 이교異敎철학이었던 공맹의 영향을 얼마나 철저히 포장해 감추고 굴절·왜곡시켰을지 짐작하게 한다. 실지로 스미스는 흄과 달리 공자를 찬양하기는커녕 그 이름조차 거론하지 않았다. 하지만 직·간접으로 흄보다 더 많이 공맹철학을 빌려 자유시장이론을 구성한다."[6]

애덤 스미스와 칸트의 도덕에 대한 태도는 마치 공자와 주자의 그것에 비견된다. 애덤 스미스의 도덕론이 공자의 유교에 가까운 것이라면 칸트의 윤리학은 주자의 성리학에 가까운 것이라고 할 수 있다.

만약 인류의 미래문화가 인간의 감정과 예술을 중심으

- - - - - - - - - - - - - -

5 [네이버 지식백과] 도덕감정론(道德感情論) (21세기 정치학대사전, 한국사전연구사). http://terms.naver.com/entry.nhn?docId=726878&cid=42140&categoryId=42140

6 황태연, 김종록, 『공자, 잠든 유럽을 깨우다』, 김영사, 2015, 238쪽.

로 전개된다면 도덕도 동양 공자의 도덕론인 인사상이나 충효사상의 회복이 절실하다. '감정적 도덕'은 오늘날 '심 정적 윤리'가 될 수밖에 없기 때문이다. 심정적 윤리는 심 정적 존재를 전제하지 않으면 안 된다. 세계는 심정적 존 재인지도 모른다. 성인들이 말하는 공자의 인仁, 석가의 자비慈悲, 예수의 사랑愛 같은 것은 바로 심정적 존재심정 존재와 연결되는 것이다.

이에 비해 소크라테스의 애지愛知, 즉 '앎'은 심정의 세계, 심정존재에 이르지 못하는 한계가 있다. 이 말은 결국 철 학의 진리 추구는 궁극적인 심정존재에 이르지 못하는 것 임을 암시한다. 성인들의 말씀은 오늘날 '심정'이라는 말로 써 새롭게 혁신하고 재창조되지 않으면 안 된다. 그 까닭 은 심정이라는 말은 과학기술시대에 기계와 맞설 수 있는 존재 고유성의 외침이라고 할 수 있기 때문이다.

심정적 윤리는 성인들의 말씀을 새롭게 하는 것을 전제 로 '심정평화사상'으로 발전될 때에 세계에 기여할 수 있 는 사상으로 업그레이드될 수 있을 것이다. 감정이나 심정 이 없는 예술은 예술이 아니고, 감정이나 심정이 없는 윤 리도 윤리가 아니다. 미래 여성시대의 특징은 감정, 심정,

예술, 신체, 평화를 특징으로 한다. 심정은 마지막에 평화 사상과 결부될 때 인류적 힘을 발휘할 수 있을 것이다. 심정존재론은 인간이 사물에 정情을 느끼는 것을 기본으로 하면서 성인들의 '인, 자비, 사랑'을 감싸 안으면서 새롭게 사물과 공감연대하는 것을 말한다.

인간중심주의와 신중심주의는 무엇이 다를까. 현상학적으로 보면 양자는 다른 것이 분명하기에 두 단어가 만들어졌을 것이다. 그렇지만 만약 신을 만든 것이 인간이라면 신이라는 개념 속에 이미 인간의 속성이 들어가 있기 마련이고, 또한 그렇지 않다고 하더라도 인간이 신을 이해하고 소통하기 위해서는 '신의 인간화'가 필요할 것이다.

우리는 인간의 알고리즘이 기계이고, 기계인간의 알고리즘이 인간이라고 알고 있다. 그렇다면 마찬가지로 인간의 알고리즘이 신이고, 신의 알고리즘이 인간인지도 모른다. 이렇게 보면 인간, 신, 기계는 서로 물고 물리는 관계에 있다. 인간이 기계를 만들고, 신을 만드는 것은 전혀 관계없는 일인 것 같지만 실은 '무엇을 만드는창조하는 행위'가 개입된 공통점을 갖는다.

누가 무엇을 만든다는 것은 분명 '제조적 세계'라고 말할 수 있다. 기독교 경전 『성경』은 흙으로 인간을 만들어놓고 하나님이 숨을 불어넣음으로써 생명을 갖게 되었다고 기록하고 있다. 히브리어로 흙은 '아다마'^{아담}이다. 아담이라는 말에는 생명이 다하면 흙으로 돌아간다는 의미가 숨어 있다. 기독교 하나님의 인격신적인 면모는 숨을 쉬는 생명체를 두고 하나님이 숨을 불어넣어서 생명체가 되었다고 설명하고 있다.

그렇다면 감정은 어떤가. 이브는 사탄^뱀의 꼬임^{유혹}에 빠져 금단의 열매를 먹고 부끄러움을 알게 되고, 동시에 분별하는 지혜를 얻었다고 한다. 부끄러움은 지혜와 동시적이다. 이것이 이브의 원죄이다. 이브^{하와}의 본래 뜻은 '남자를 보필하는 짝'이다. 이브가 원죄를 저지른 것은 다분히 '감정' 때문일 것이다. 아담이 '혈통^{정신과 논리도덕}'의 상징이라고 한다면 이브는 '신체^{출산와 감정사랑}'의 상징이다. 오늘날 감정의 복권은 이브의 복권을 의미한다. 감정의 복권은 신체의 복권을 의미한다.

독일 철학자 마르틴 하이데거에 의해 제기된 존재론은 감정과 신체에서 그 진면목을 발휘해야 할 것 같다. 감정과 신체야말로 어떤 형식^{선험적 형식}을 거치지 않은 내용이면서 존재 그 자체이기 때문이다. 감정의 존재론, 신체적 존재론은 여성시대를 예고하는 것이면서 동시에 본격적인 존재론의 시대를 여는 것이라고 해도 과언이 아니다. 이것을 종합적으로 정리하자면, 과거 남성 중심의 '이성의 시대'와 대비해서 오늘날은 여성 중심의 '감성의 시대'라고 말할 수 있다. 신체와 감정은 왜 죄인 취급을 받아야 하는가.

오늘날 디지털기술문명사회에서 볼 때, 가장 만들어내기 어려운 것이 감정이다. 기계는 아무리 복잡하고 정교한 것이라 하더라도 논리의 산물이다. 인간은 인공지능, 나아가 기계인간을 만들어낼 정도로 고도로 과학화된 시대에 살고 있다. 그러나 자연스럽게 우러나오는 감정은 인공지능이 만들어낼 수 없다. 감정이야말로 인공지능이 만들어낼 수 없는 매우 존재론적인 것이다.

신이 숨을 불어넣었다는 것은 '숨을 쉬며 생멸하는 자연'에 신을 개입시킴으로써 인위적인격적으로 설명을 시도한 것이다. 여기서 숨은 생명현상이며, 숨은 감정과 동의어라고 해도 과언이 아니다. 만약 숨을 쉬지 않는다면 감정은 존재할 수 없다. 감정은 항상 숨 쉬는 것과 더불어 있다. 감정=숨파동, 氣=생명은 다른 말 같지만 실은 같은 말이다.

인류는 지금껏 신(종교)과 이성(도덕)과 경험적 데이터(과학기술)를 중시하면서 살아왔다. 그러나 감정은 인간이 만들 수도 없고, 데이터화 할 수도 없는 영역으로 남아 있다. 인공지능이 인간의 감정을 흉내 낸다고 하지만 그것도 결국 인간이 입력한, 데이터화 한 감정에 불과한 것이다. 그렇다면 감정이야말로 인간의 본래 존재에 가장 가까이에 있는 것이다.

동양철학에서 심물일체, 물심일체, 신물일체, 만물만신 등 여러 가지 표현으로 세계가 본래 하나였다는 것을 설명하였지만 여기에 '감정'이 없다면 존재의 진면목에 도달하였다고 말할 수 없다. 결국 세계의 가장 본래적 진면목은 감정인 것이다. 거꾸로 말하면 감정이 위의 심물일체, 만물만신의 경지에 도달하여야 심정에 도달하였다고 말할 수 있다. 심정은 카피(복제)가 없는 오리지널이다.

인간 각자는 자신의 심정물정(心情物情)에 도달하여야 살아 있는 우주, 살아 있는 자연과 함께 호흡하는 것이 된다. 최종적으로 이렇게 될 때 우주와 자연과 인간은 진정한 하나가 된다. 이를 하나님으로 말하면 '심정의 하나님'인 것이다. 심정의 하나님이야말로 바로 종교, 도덕, 과학기술을 넘어선 예술의 하나님을 말하는 것이고, 예술의 하나님에 도달하여야 진정한 평화를 이룰 수 있다.

필자는 1980년대에 '예술인류학'이라는 분과학문을 발표한 적이 있다. 다분히 한국문화의 심정을 바탕으로 한 것이다. 당시 필자는 이렇게 말했다.

"지금까지는 인간이 신이 되고자 했으나, 이제 신이 인간이 되고자 하는 시대에 들어왔다. 심정문화, 그것은 인간이 되고자 하는 신의 복음福音이다. 지금까지 한국문화는 지극히 극단적으로 억눌린 감정情緖의 하나인 한恨과 정반대로 지극히 솟아오르는 감정의 하나인 신神, 神明으로 해석하는 경우가 많았다. 그러나 이제 그 중간의 멋맛으로 우리 문화를 해석할 때가 왔다. 멋은 예술적으로 문화를 고양시키거나 해석할 때의 순수 우리말이다. 따라서 필자의 예술인류학과 잘 맞아떨어지는 말이다. 멋의, 멋에 의한, 멋을 위한, 그러한 멋의 한국문화를 창달하고 해석하는 첫걸음이 이 책으로부터 시작되기를 기원한다."[7]

『사피엔스─유인원에서 사이보그까지』로 유명한 이스라

<hr>

7   박정진,『한국문화와 예술인류학』, 미래문화사, 1990, 7~8쪽.

엘 역사학자 유발 하라리는 인류의 역사를 지식의 변형으로 바라보면서 중세 유럽의 종교시대를 '지식=성경×논리'로, 근대의 과학기술혁명시대를 '지식=경험적 데이터×수학'으로, 다가오는 미래에서 윤리적 지식을 획득하는 공식으로 '지식=경험×감수성'이라고 설명했다.[8] 그가 경험적 데이터와 수학, 그리고 성경과 논리를 멀리하고 '경험'과 '감수성'을 꼽은 것은 탁견으로 보인다. 경험과 감수성이야말로 끝없이 열린 역동적인 세계이기 때문이다. 경험은 열린 세계이다. 데이터는 닫힌 세계이다. 감수성도 열린 세계이다. 기계는 닫힌 세계이다. 과학기술혁명의 세계에서 경험과 감수성이 중요한 이유는 여기에 있다.

지금까지 말한 감정과 감수성은 문화인류학적으로 '정서'라고 표현하는 것이 적절할 것이다. 정서는 감정이 문화적 관습이나 습관을 통해 구체적으로 체화된 것을 말한다. 유발 하라리의 감수성은 바로 정서와 동의어로 보인다. 감정, 정서, 감수성은 인류의 구원이 될 것인가.

"니체가 신은 죽었다고 선언했을 때에 하고 싶어 한 말

---

8 유발 하라리,『호모 데우스』, 김명주 옮김, 김영사, 2017, 326~329쪽.

이 바로 이것이다. 적어도 서구에서 신은 누군가는 믿고 누군가는 믿지 않는 추상적 개념이 되었다. 중세에는 신 말고는 정치적·도덕적·미적 권위를 찾을 곳이 없었다. 나 자신은 옳고 좋고 아름다운 것을 구별할 수 없었다. 어떻게 그렇게 살 수 있었을까? 반면 오늘날에는 신을 믿지 않는 것이 훨씬 쉬운데, 믿지 않는 대가를 전혀 치르지 않기 때문이다. 우리는 완전한 무신론자로 살면서도 내면의 경험에서 정치적·도덕적·미적 가치를 풍성하게 버무려낼 수 있다. 신을 믿는다면 그것은 내 선택이다. 내면의 자아가 나에게 신을 믿으라고 말하면 나는 신을 믿는다. 내가 신을 믿는 것은 신이 존재한다고 느끼기 때문이고, 신이 있다고 내 가슴이 말하기 때문이다. 하지만 어느 날 신이 존재한다고 느껴지지 않으면, 그리고 내 가슴이 갑자기 신이 없다고 말하면, 나는 믿기를 그만둘 것이다. 어느 쪽이든 권위의 원천은 나 자신의 감정이다. 그래서 나는 신을 믿는다고 말할 때조차 사실은 내 내면의 소리를 믿는 것이다."[9]

---

9 유발 하라리, 같은 책, 323~326쪽.

독일 철학자 프리드리히 니체는 "신은 죽었다"라고 했다. 필자는 "메시아는 더 이상 오지 않는다"라고 했다.[10] 그렇다면 인간은 앞으로 무엇에 의지해서 살아야 하는가. 바로 예술이다. 감정이 없는 예술은 예술이 아니다.

"오늘날 인본주의자들은 인간의 감정이 예술 창조와 미적 가치의 유일한 원천이라고 믿는다. 음악을 창조하고 평가하는 것은 우리 내면의 목소리이고, 이 목소리는 별들의 리듬도, 뮤즈와 천사의 명령도 따를 필요가 없다. 별들은 소리를 내지 않고, 뮤즈와 천사들은 우리의 상상 속에만 존재하기 때문이다. 현대의 예술가들은 신의 지시보다는 자기 자신의 감정에 귀 기울인다. 그렇다면 우리가 예술을 평가하는 어떤 객관적인 잣대를 더 이상 믿지 않는다는 사실이 조금도 이상하지 않다. 대신 우리는 우리 자신의 주관적 감정에 귀 기울인다. 윤리학에서 인본주의의 모토는 '좋게 느껴지면 해라'이다. 정치학에서 인본주의는 '유권자가 가장 잘 안다'고 가르친다. 미학에서의 인본주의는 '아

----

10 박정진.『메시아는 더 이상 오지 않는다』, 미래문화사. 2014.

름다움은 보는 이의 눈에 달려 있다'고 말한다."[11]

오늘날은 바야흐로 감정시대, 예술시대이다. 인간은 감정이 없으면 울 수도 없고, 웃을 수도 없고, 화낼 수도 없고, 슬퍼할 수도 없고, 기뻐할 수도 없다. 희로애락喜怒哀樂과 애구욕愛懼慾을 표현하지 못하는 인간은 이미 죽은 인간이다. 그렇지만 희로애락의 감정은 출렁인다. 그래서 감정은 스스로 자제되고, 고양되면서도, 잡을 수 있는 '심정'으로 승화될 것을 요구하게 된다. 심정이란 율곡 이이의 '심성정의일로설心性情意一路說'이 말하여 주듯이 이러한 '일로一路의 길'에서의 정情을 말한다. 심정은 '심성정의心性情意'를 줄인 말이다.

여기서 '일로'라는 말은 심心과 성性과 의意가 역동적인 하나가 되어 정情과 균형衡平을 이루는 상태를 말한다. 또한 심心은 성性을, 정情은 의意를 품은 것이어야 한다. 결국 사물에 정情을 주면서 심성心性을 다스리는 통제統制, 理를 통해 '마음의 소리意'를 들을 수 있는 경지를 말한다. 이러한 통제에는 어떤 규정적 텍스트text보다는 상황적 맥락

---

11 유발 하라리, 같은 책, 317~319쪽.

context이 더 중요하다. 그래서 감정이 심정으로 고양될 때, 즉 '심물일체'의 경지에서 '심정물정'의 경지에 이르게 된다. 인간은 심정적으로 안정되고 행복할 때 '진정한 평화와 행복'을 누릴 수 있게 된다.

이성적 인간은 감정적 인간을 회복하여야 하고, 감정적 인간은 다시 상대방의 마음을 헤아리는 심정적 인간으로 나아가지 않으면 안 된다. 심정적 인간이라는 것은 감정적 인간이 도의적으로 잘 훈련되면서도 동시에 감정을 잃지 않는, 일종의 심미적 인간으로 거듭나는 것을 말한다. 심미적 인간이란 종교적 인간과 과학적 인간을 넘어서는 제3의 예술적 인간을 말한다.

제2장

감정, 심정, 효정

정情이라는 것은 동양 문화권에서는 단순한 감정이 아니었다. 대체로 '정'은 두 가지로 해석된다. 하나는 '정, 감정, 욕망' 등의 의미로 쓰이는 경우이고, 다른 하나는 '사정, 실정, 정황' 등 사실과 관련되는 것으로 쓰이는 경우이다. 때로는 '진리, 상황, 이성, 근본, 진실' 등 복합적인 의미로 사용되는 경우도 많았다. 이 중에서 가장 중요한 특징은 현상학적인 구분, 대립적 구분들이 무의미해지고, '정'을 존재론적인 의미로 사용했다는 점이다.

이러한 존재론적인 의미에 무게를 두고 인류의 고등종교들을 현상학적인 차원과 더불어 검토하는 것은 의미가 있을 것이다. 인류의 5대 고등종교를 우리는 흔히 유교·불교·선도·기독교·이슬람교라고 말한다. 이들 종교를 그 특징으로 잡을 때 유교–도덕, 불교–철학, 선도仙道–자연, 도학道學–덕도德道[12], 기독교·이슬람교–종교라고 부른다.

여기서 주목할 것은 유교의 '도덕'과 도학의 '덕도'의 문제인데 유교가 도道에서 덕德으로 나아갔다면 도학은 '덕'에서 '도'로 나아갔다는 점이다.[13] 또한 같은 아브라함 종교유대교의 분파인 기독교와 이슬람의 문제인데 기독교는 예수의 메시아적 성격을 인정한 반면, 이슬람은 예수를 메시아라기보다는 선지자 중 한 인물로 인정했다는 점이다.

유교는 도덕적 특징이 두드러진다. 불교는 철학적 특징이 두드러지고, 선도는 자연적 특징이 두드러진다. 도학은 덕도적 특징이 두드러지고, 기독교이슬람교는 종교적 특징이 두드러진다고 할 수 있다. 우리 민족은 본래 '선도東夷–

---

12 『도덕경(道德經)』의 가장 오래된 마왕퇴(馬王堆) 죽간본(竹簡本)은 본래 도덕경이 아니라 『덕도경(德道經)』이었던 것으로 밝혀졌다.

13 유교가 남성 중심의 '도덕학'이었다면, 도학은 여성 중심의 '덕도학'이었다고 말할 수 있다.

유교夏華문화권'에 흩어져 살고 있었다. [14]

특히 역사시대로 들어오면서 한자문화권-유교 도덕 문화권에 살았으면서도 오늘날 가장 도덕적으로 문제에 봉착해 있는 사람들이 우리들동이족이라는 점은 크게 반성의 여지가 있다. 왜 이렇게 되었을까. 소위 근대과학문명과 더불어 물밀듯이 들어온 산업문명과 기독교를 따라가느라고 우리는 그동안 너무 바빴고, 이제 어느 정도 따라잡고 보니 어느덧 우리는 인간의 도덕문제를 별로 생각하지 않았음을 뒤늦게 알게 된 것이다.

그동안 서양은 과학문명을 앞세워 세계를 지배·정복하고, 특히 동양의 문화와 비서구지역 문화의 좋은 점을 자신들의 것으로 소화하고 다시 자신들의 고유한 문화로 만드는 데에 성공하여 오늘날 세계문명을 이끌게 되었다. 어떤 점에서 도덕적으로도 그들이 우리보다 더 훌륭한 측면마저도 발생하게 된 게 오늘의 현실이다.

그러나 아무리 그렇더라도 도덕문화권에서 도덕적으로

---

14 고대 동아시아의 문화권은 중국 산서성 '임분'을 중심으로 하화(夏華)문화권을, 산동성 '곡부'와 동북 3성을 중심으로 동이(東夷)문화권을, 그리고 남부의 묘만(苗蠻)문화권을 이루고 있었다.

서구문화에 뒤떨어져서야 되겠는가. 동아시아 3국인 한국과 중국과 일본에는 인류가 참고할 미래의 도덕적인 문화 자산이 그 어떤 곳보다 많다. 도덕의 성인으로 통하는 공자도 본래 동이족 출신으로서 중국 대륙을 주유천하하면서도 자신의 뜻이 제대로 펼쳐지지 않을 때는 항상 구이九夷: 東夷에서 살 것을 염원한 인물이다.

공자는 『논어』에서 "시에서 흥하고일어나고, 예에서 입하고입신하고, 악에서 성한다완성된다興於詩入於禮成於樂"「태백」8고 말했다. 이 말의 참뜻을 알기는 쉽지 않지만, 선조들은 마음공부를 시詩로써 하고, 몸 공부를 예禮로써 하고, 마음과 몸 공부가 끝나면 저절로 악樂의 경지에 도달함을 미루어 짐작할 수 있다.

예가 없으면 사람은 몸가짐을 바로 할 수 없다. 그런데 오늘의 우리는 어떤가. 간단히 말하자면 우리 시대에 맞는 예를 요약要約하지 못했다고 할 수 있다. 예를 통해 요약된 마음가짐과 몸가짐이 있어야 제대로 사람답게 행동할 수 있을 텐데 우리는 그렇지 못하다. 예가 성립되어야 기쁨과 즐거움의 낙樂, 樂園의 문으로 들어갈 수 있다.

예로부터 우리 민족은 문화적으로 성숙하는 것을 예禮,

藝라는 말로 표현해 왔다. 가례家禮, 서예書藝, 다례茶禮, 무예 武藝 같은 것은 좋은 예이다. 예절禮節은 예술藝術과 통하는 것이었다. 말하자면 일상에서 이루어지는 행동과 실천의 예술이 예절인 셈이다. 즉 예절은 '생활 속의 예술'이다.

물질적으로는 그 어느 때보다 풍성한데 역으로 예는 땅에 떨어져 있다. 서구문명이 우리에게 전해준 자유-자본주의와 공산-사회주의는 우리로 하여금 예를 잃게 했다고 할 수도 있다. 우리 시대의 예를 새롭게 정립하는 데 있어 그 출발점으로 무엇이 가장 바람직하면서도 효과적일까. 바로 부모와 자식 간에 이루어지는 효가 바로 그러한 예禮일 것이다.

우리 시대의 예를 성립시켜야 우리는 어느 곳에서라도 제대로 설 수 있다. 오늘날 예보다는 법을 통해 살고 있지만 모든 삶의 과정을 법으로만 살 수는 없는 법이다. 예가 없으면 아름다운 삶을 살 수 없고, 나아가서 공동체와 국가가 화락和樂하는 '축제적 삶'은 더더욱 불가능할 것이다. 이러한 문제를 효孝와 정情을 화두 삼아 풀어가 보려는 것이 이 글이다.

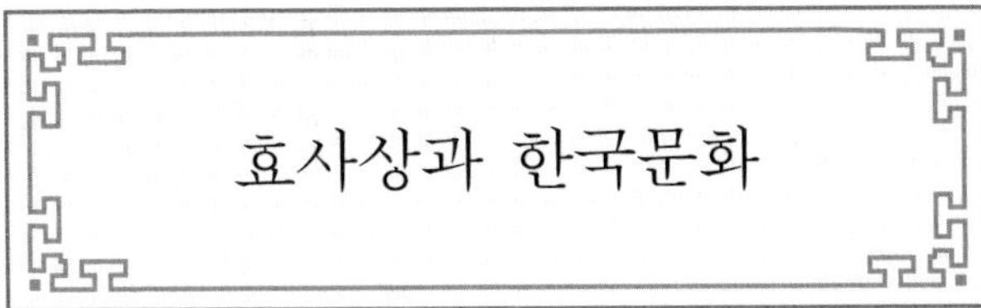

효사상과 한국문화

한국문화의 특징 가운데 가장 두드러진 것은 바로 자연친화적 성격이다. 자연과 더불어 사는 한국인의 삶의 태도는 유불선儒佛仙의 선仙사상에서 가장 잘 엿볼 수 있다. 같은 한자문화권에 속하는 중국은 유불도儒佛道라고 한다. 선보다는 종교적인 성격이 가미된 도는 도교道敎로 발전하여서 중국의 기층종교이자 사상이 되었다.

우리 조상인 동이족의 선사상이 중국에 전해져서 도가 되었다고 주장하는 학자도 있다. 한국문화의 자연주의 전통은 충효사상에서도 효를 강조하는 문화적 특성을 보인다. 충은 나라가 성립되고 본격적인 가부장-국가사회로 들어가면서 강조된 사상이다. 충보다는 효가 시기적으로 앞선 사상이다. 말하자면 효사상은 가족이 구성되는 것과 함께 형성된 사상이다.

부모와 자식 간에 형성되는 효사상은 문명의 발달과 더불어 충효사상으로 동시에 거론되면서 동양 유교사회의 대표적인 사상으로 발전하였다. 충사상을 집약한 '충경忠經'은 없지만 효사상을 집약한 『효경孝經』은 따로 있다. 『효경』은 유가儒家의 『십삼경十三經』 중 하나이다. 공자와 제자인 증자曾子의 문답 중에 효도에 관한 것을 주희朱熹가 모아 『효경』을 만들었다.

효사상이 한국에서 얼마나 뿌리 깊은 사상인가를 발견하는 것은 어렵지 않다. 과거에 급제하여 조정에서 벼슬한 선비들도 막중한 책임을 짊어지고 있지만, 항상 부모와 조상에게 효도하는 것을 제 일의로 삼고 있었다. 오죽하면 부모상을 당하면 고향에서 3년간 시묘侍墓살이를 할 정도였다.

효사상을 가장 극적으로 보여주는 대목은 이순신 장군이 임진왜란 중에 어머니 상을 당하자 고향에 내려가서 시묘살이를 한 것에서 확인할 수 있다. 선조는 칠천량 해전에서 원균이 전사하자 상중에 있는 그에게 삼도수군통제사를 제수한다. 선조가 이순신에게 내린 교서인 '기복수직교서起復授職教書'는 나라의 필요에 의해 상복을 벗고 벼슬자리에 나오게 하려는 임금의 간곡한 청이 담겨 있다. 국가존망지추의 왜란을 맞아 장수로서 전장에 나가는 일은 당연한 일이지만 상중에 있는 이순신에게 선조는 최대한의 성의로 청하고 있다.

효는 임금도 거스를 수 없을 만큼 압도적인 도덕의 덕목이었기 때문이다. 세계에서 가장 과학적인 소리글자인 한글을 만든 세종대왕은 유교의 경전은 물론이고 음악과 농학, 의학과 과학 등 통하지 않은 분야가 없었다. 요즘으로 말하면 인문학과 자연과학에 두루 달통하였다. 세종은 강력범죄로 흉흉해진 민심을 바로잡고 글자를 모르는 백성에게 유교 윤리와 의례를 가르치기 위해 글과 그림이 함께 있는 『삼강행실도三綱行實圖』세종14를 발간하여 '효와 예의 나라'의 기틀을 닦았다. 이 책에는 효자, 충신, 열녀 등 각각 35명씩 105명의 사례를 모았는데 특히 효자를 먼저 소개토록 했다.

세종은 효야말로 천륜으로서 인간 최고 덕목으로 여겼

기 때문이다. 효가 뒷받침되지 않는 충은 부실한 것이다. 말하자면 효는 충과 열烈로 통하는 도덕의 일반적 기반으로 평가된다. 생각해보면 효란 인위적인 교육을 통해서 주입되고 실천되어야 할 덕목이기에 앞서 당위적으로 실천되어야 할 인간의 도리로 여겨진다. 그렇다고 효도를 하는 것이 결코 쉽지는 않다. '내리사랑, 올리효도'라 말이 있듯이 부모가 자식을 사랑하는 마음은 물이 아래로 내려가듯이 자연스럽게 이루어지는 것이지만, 부모에게 효도를 하는 것은 마치 물을 거슬러 올라가는 것과 같아서 노력이 필요하다. 그래서 효는 일종의 '수양으로서의 효'가 된다.

한국인은 효를 가장 큰 덕목으로 삼아왔다. 한자 '孝'는 『설문해자說文解字』에 따르면 노老자의 사람 인人, 匕의 자리에 아들 자子자를 넣은 것으로 자식이 나이 많은 부모를 모시는 의미를 담고 있는 글자이다.[15] '노老'자는 본래 갑골문에서 노인이 지팡이를 짚고 사는 형상으로 나타나 있다. 종합적으로 보면 '노'자이든 '효'자이든 우선 흙 토土자를 중심으로 글자를 형성하고 있다는 점에서 신체흙를 가진

---

15 孝. 善事父母者. 從老省, 從子, 子承老也.

인간의 최우선 도리를 말하고 있다. 그 도리는 부모와 자식 세대 간에 일어나는 상호관계로서의 효인 것이다.

효의 입장에서 보면 가장 가까이에 있는 하나님이 부모하늘부모님인 것이다. 그래서 부모에 대한 '효정孝情'은 인생의 기본이요, 세상에 빛을 발할 수 있는 덕목이 된다. 실존적으로 보면 하나님은 부모인 것이다. 따라서 부모를 버리면 하나님을 버리는 것이나 마찬가지이다. 한국에서는 출세를 하고 큰 업적을 내면서 입신양명할 수도 있지만 효자·효녀가 되지 못하면 후세에 칭송받는 인물이 될 수 없다. 요컨대 한국에서는 충신은 안 될 수도 있지만 불효자가 되어서는 안 되는 것이 미덕이다.

중국 남송시대 기일원론자氣一元論者인 장횡거가 쓴 「서명西銘」에는 충효의 의미가 우주론적으로 가장 잘 요약되어 있다. 성리학자들에게 주돈이의 태극도설太極圖說과 함께 쌍벽을 이루던 '서명'에서는 하늘과 땅을 부모로 비유하고 있다.

"하늘을 아버지라 부르고 땅을 어머니라 부르네乾稱父坤稱母. 내 작은 몸이 그 한가운데 혼연히 존재하네予玆藐焉乃混然中處. 그러므로 천지에 가득한 기운이 내 몸을 이루고故天地之塞吾

其體, 천지를 주재하는 이치가 내 본성을 이루네天地之帥吾其
性 생략"

하늘과 땅을 부모에 비유한 것은 어제오늘의 일이 아니다. 오늘날 새롭게 그 의미를 되살리는 이유는 부모의 입장, 하늘땅의 입장에서 인류사회를 바라보아야 새로운 도의 세계를 구현하고 원천적인 인류의 평화를 확보할 수 있기 때문이다. 효도는 인간이 결혼과 사랑을 통해 자손을 번식시키는 생물의 기본적 욕구를 실현하는 장소인 가정에서 세울 수 있는 소박한 이데올로기이다. 인간은 가화만사성家和萬事成이라는 소박하고 겸손한 위치에 서지 않으면 안 된다.

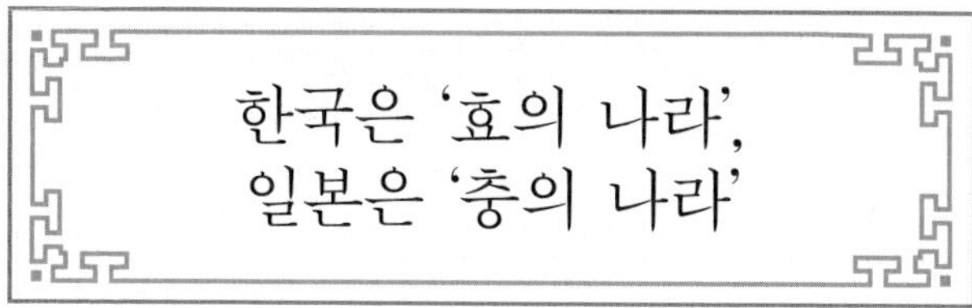

한·중·일 동양 삼국 가운데서 효를 가장 중요하게 여기는 나라는 한국이다. 그래서 흔히 한국은 '효의 나라', 일본은 '충의 나라'라고 한다. 중국은 그 중간에 속한다. 한국에서는 '불효자'라는 말이 가장 나쁜 덕목에 속한다. 그래서 한국 사람이면 누구나 자기반성을 할 때 스스로 불효자라고 하면서 개과천선을 하는 전통이 있다.

충의 나라인 일본은 나라에 충성하는 것이 가장 큰 덕목이다. 그래서 '천황폐하 만세'가 가장 큰 덕목이다. 무사武士의 나라인 일본에서 충성을 한다는 것은 특히 중세의 영주에 해당하는 번주藩主에 충성하는 것에서부터 발전되어 왔다.

번주에 충성하지 않으면 살 수 없는 일본은 그래서 철저하게 수직사회를 이루었다. 이러한 전통은 오늘날 그대로 계승되어 흔히 일본사회를 '다떼縱的사회'라고 한다.

일본은 나라의 상징인 천황을 중심으로 결속되어 일사불란한 국가체계를 자랑하고 있다. 이것이 제2차 세계대전 때는 군국주의로 나타나 태평양전쟁에서 패전의 멍에를 안게 되었고, 오늘날까지도 세계에서 유일하게 원자폭탄을 맞은 불행한 나라가 되었지만, 여전히 일본은 국가 중심의 충의 나라이다.

이에 비해 한국은 효의 나라이다. 그런 까닭에 국가에 충성하는 마음이 일본에 비해 부족한 게 사실이다. 국가라는 것은 실은 패권경쟁과 전쟁의 산물이다. 그래서 평화보다는 전쟁을 우선하고, 강대국은 약소국을 강제로 복속시키고 지배하고 약탈하는 것을 일삼아 왔다. 국가보다는 가정에 중심을 둔 한국은 효의 나라인 까닭에 예로부터 평화롭게 살기를 기원했다.

한국인은 대체로 국가보다는 그 하위집단이라고 할 수 있는 가족이나 문중, 지역, 회사, 학교 등 혈연·지연·학연을 중시하는 경향이 있다. 그래서 현실적으로는 당파싸움을 하는 경우가 많았다. 그렇지만 구체적인 삶의 영역이라고 할 수 있는 마을공동체에 침략이 미치면 민중이 하나가 되어 의병을 일으키며 저항하는 경우가 많았다.

임진왜란 때 임금이 한양을 비우고 의주로 달아나고, 나라가 거의 망하게 되자 전국적으로 의병이 일어났으며, 일본 제국주의에 의해 나라를 빼앗기자 만주 일대를 중심으로 끈질기게 독립운동을 전개한 사실은 좋은 예이다. 이에 비해 태평양전쟁에서 패한 일본의 경우 천황의 항복 방송으로 중국과 한국, 동남아시아, 남양군도에 흩어져 있던 모든 일본군과 일본인은 일시에 항복하고 일본으로 돌아갔다. 말하자면 일본은 충에 살고 충에 죽는 나라라고 할 수 있다.

일본은 '국가는 부자이고 개인은 가난하다'고 한다. 이에 비해 한국은 '개인은 부자이고 국가는 가난하다'는 말이 있다. 충의 나라인 일본은 잘못하면 군국주의로 나아갈 위험이 있지만, 한국은 잘못하면 무정부주의가 될 공산이 크다. 충효의 장단점이 있는 것도 사실이지만 오늘날 강대국의 패권주의와 물질문명으로 인해 인류가 공멸할 위기에 직면한 시점에서는 효가 더 중요하게 느껴진다. 효사상이 보다 더 근본적인 사상이다. 국가를 영위하는 면에서 한국인은 그동안의 역사시대에서 불리하였다고 할 수 있다.

세계가 이제 국가경쟁시대를 지나서 하나의 '평화의 지구촌'을 건설하여야 하는 시대적 사명으로 볼 때 한국의 효사상과 가정을 중심으로 하는 사상은 주목할 가치가 있다. 세계평화를 이루어야 하는 지구촌시대에 한국인은 유리하다고 할 수 있다. 그래서 미래 후천개벽·여성시대에는 한국이 선진국으로 부상하고 세계를 이끌어가게 된다는 예언이 있게 되는 것이다.

효정사상은 유교에 인의仁義와 충서忠恕의 사상이 있지만 그것을 뭉뚱그려서 가장 소박하게 가정과 신체를 중심으로, 국가적으로는 한국을 중심으로 새롭게 해석하는 제3의 사상이라 할 수 있다. 다시 말하면 효정사상이란 하늘이 수천 년간 펼친(풀어낸) 인류의 문명을 우리시대에 이르러 다시 거두어(추수해)들이는 시대정신이다. 따라서 이제 미래 인류사회에는 인의와 충서에 이어 '효정'이 그 중심자리를 차지하게 되는 것이다.

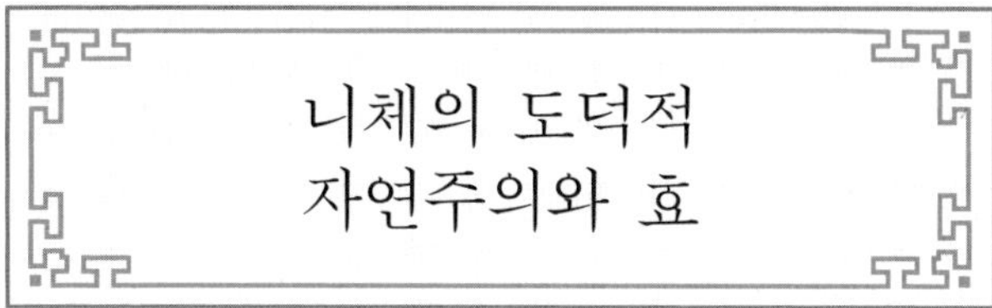

니체는 서양의 이성주의 도덕, 칸트의 정언명령적 도덕에 반기를 들고, 신체주의를 들고 나오면서 도덕적 절대주의를 부정했다. 말하자면 똑같은 행동이라도 사람에 따라, 상황에 따라 판단 기준이 달라진다는 뜻이다. 그는 도덕의 정언명법을 자연명법으로 바꾸어야 한다고 했다『유고』. 이것은 도덕의 상대주의라기보다는 맥락주의로서 '도덕적 자연주의moralischer Naturalismus'라고 한다. 선이나 악도 사람과 상황에 따라 얼마든지 달라지고, 심지어 정반대도 될 수 있다는 것이다.

니체는 "도덕적 사실이란 결코 존재하지 않는다"『우상의 황혼』, "도덕적 현상이란 존재하지 않는다. 단지 이 현상들에 대한 도덕적 해석만 있을 뿐이다"『유고』고 말했다. 예컨대 욕망이나 지배욕, 그리고 이기심도 사람에 따라 선이 될 수도 있고, 악이 될 수도 있음을 시사했다. 말하자면 이성적 도덕 대신에 '도덕적 자연주의', 혹은 비무도덕주의Immoralismus를 주장했다.

인간의 신체는 더 이상 정신의 대상으로서의 육체가 아니다. 신체는 자연의 본래적인 것으로, 즉 본래 존재로서 우주자연의 발생과 더불어 시작되어 오늘에 이르기까지 변화해 온 과정적인 존재이다. 인간의 신체와 마찬가지로 사물들도 정신의 대상으로서의 사물이 아니라 존재로서 인간과 단지 우주적 과정이 달랐을 뿐인 존재인 것이다. 말하자면 모든 존재는 현재에 이르기까지 존재의 경로만 달랐을 뿐 동등한 존재이다.

니체의 주장은 도덕을 전면적으로 부정하는 것이 아니라 인간의 개인적 구체성을 고려하면서 도덕의 보편적 절대주의를 수정할 것을 요구했다. 니체의 도덕적 자연주의는 해석 여하에 따라 동양의 효사상과 맥락이 통하는 점이 있음을 알 수 있다. 도덕이 절대적·객관적으로 바깥에 있는 절대도덕의 시대에서 이제 도덕이 신체와 더불어 상대적·주관적으로 안에 있는 '도덕적 자연주의' 시대로 바뀌고 있다. 이는 자연스럽게 효에서도 신체사상을 새롭게 부각시키는 계기가 되고 있다.

신체는 나의 출발이기 때문에, 나 자신으로서 너무 가까이 있기 때문에 어떤 대상과 주제를 두고 토론할 때는 마치 없는 것과 같은 취급을 받기 쉽지만 실은 모든 존재의 근본이며 뿌리라고 할 수 있다. 특히 "신체와 발부머리카락, 피부는 부모로부터 받은 것이니 훼상헐거나 다치는 것하지 않는 것이 효도의 시작이다身體髮膚 受之父母 不敢毀傷 孝之始也"[16]라는 데서 알 수 있듯이 동양의 효는 신체적인 데서 출발하고 있다는 점에서 오늘날 새롭게 눈여겨볼 만하다.

동양의 효는 신체적이고 구체적인 것에서부터 효를 찾는 것이라고 말할 수도 있고, 일상생활의 사소한 일에서부터 그것을 찾는 것이라고 말할 수도 있다. 구체적이고 감각적인 것에서부터 시작하는 효는 상대적으로 개념적이고 추상적인 데서 출발하는 충과는 다르다고 할 수 있다. 그

- - - - - - - - - - - - - -

16 『효경(孝經)』

런 점에서 효는 특수한 것에서 출발하여 보편적인 것으로 올라가지만 다시 각자의 실천과 더불어 일반적인 것으로 내려오지 않으면 완성되지 못한다. 즉 효는 몸으로 실천되지 않으면 효가 될 수 없다는 뜻이다. 말하자면 몸에서 시작하여 몸으로 돌아오는 것이다.

남성-국가 중심의 사회에서 여성-가정 중심의 시대로 전환하는 문명의 주기를 맞아서 부모에게 효도를 행하는 것도 일상적인 것에서 존재의 근원인 뿌리를 찾는 행위라고 말해야 할 것이다. 가정에서의 효가 확대 재생산되면 나라에서의 충이 되는 것이다. 오늘날 신체의 의미는 단순한 육체가 아니라 신체적 존재로서 보다 근본적인 존재의 의미, 본래 존재의 의미를 가지고 있다.

충은 국가 성립 이후에 발생한 개념으로서 국가 성립 이전에 가족을 구성하면서 형성된 부모에 대한 효를 국가 차원으로 확대 해석한 것으로 다소 추상적이고 이데올로기적인 측면이 없지 않다. 말하자면 충은 효의 확대라고 해석할 수 있는 것이다.

[충효에 대한 도덕적 특성비교]

충(忠)	비신체적	추상적	국가적 · 세계적	일본	보편적 도덕주의
효(孝)	신체적	구체적	가정적 · 마을적	한국	도덕적 자연주의

효는 또한 다른 나라와의 전쟁이나 국가지대사國家之大事라기보다는 가정의 일상에서부터 쇄소응대灑掃應對처럼 몸으로 실천되어야 하는 것이다. 따라서 효는 자연스럽게 신체적인 것과 결부될 수밖에 없다. 충이 보편적 도덕주의에 가깝다고 한다면 효는 도덕적 자연주의에 가까울 수밖에 없다. 효라는 것은 객관적이고 형식적인 행동의 규범이라기보다는 각 가정에 따라 탄력적으로 실시될 수밖에 없는 것이다. 어떤 구체적인 행동을 두고 절대적인 효 혹은 불효라고 단정하는 것은 무리한 일이다. 일반적으로 예절이 집집마다 다르듯이 효도 마찬가지라고 해야 할 것이다.

『논어』「학이學而」편에는 효를 인仁의 근본이라고 했다.

유자가 말하였다. "그의 사람됨이 효성스럽고 공손하면서도 윗사람을 범하는 것을 좋아하는 자는 드물다. 윗사람을 범하기를 좋아하지 않으면서 난을 일으키기를 좋아하

는 자는 없다. 군자는 근본에 힘써야 하고 근본을 세우면
도가 생긴다. 효성과 공손은 인을 행하는 근본일 것이다!"
有子曰, "其爲人也孝弟, 而好犯上者, 鮮矣, 不好犯上, 而好作亂者, 未之有也.
君子務本, 本立而道生. 孝弟也者, 其爲仁之本與!"

『효경』에서는 효의 끝을 이렇게 말한다.
"몸을 세워 효를 행하고 후세에 이름을 날림으로써 부모
를 드러내는 것이 효의 끝이다立身行道 揚名於後世 以顯父母 孝之
終也"라고 한다.

"효경의 본뜻은 부모에게 효도하고 형제를 서로 사랑하
는 데에 있다. 나아가서 자기를 미루어서 남에게 다가가고
효제의 뜻을 천하에 추천하는 것이다. 이것을 가지고 부모
의 이름을 널리 드러나게 하고 인의의 도덕을 널리 이루는
것이다. 이것이 유가의 근본이다. 고로 공자가 말하기를
'나의 뜻은 춘추에 있고, 나의 행위는 효경에 있다'고 말했
다孝經本義, 在於孝父母而悌兄弟, 進而推己及人, 推孝悌之義於天下, 以廣顯
父母之名而成仁義之道. 此儒家之本, 故子曰 : 「吾志在春秋, 行在孝經」, 是也."[17]

심정평화
효정평화

효와 충을 어떻게 결부시키는가를 유추할 수 있는 대목이다. 오늘날 효사상을 다시 주목하는 이유는 인류의 가장 원초적이고 기본적인 덕목이라고 할 수 있는 효사상이 시대정신과 함께 발달하지 못함으로써 마치 지금은 쓸모가 없는 구닥다리 사상처럼 취급받고 있기 때문이다. 효사상도 실은 부모와 자식 간에 자연스럽게 형성되어온 '내리사랑과 올리효도'의 상호작용授受作用을 오늘에 맞게 새롭게 재구성하거나 효의 모범을 오늘의 예禮·禮節로 다시 집대성시킬 필요가 있는 것이다.

옛날 농업-위계사회의 영향으로 수직적인位階的인 모습으로 형성된 부모 자식 간의 유교의 효사상과 예의범절은 산업-평등사회의 모습에 맞게 새롭게 수평적인 모습으로 보완되거나 개선될 필요가 있다. 이때 형식적인·의례적인 행동보다는 효의 근본정신을 깨닫고 부모 자식 간의 사랑參사랑의 회복을 통해 명분보다는 결과적으로 '화목한 가정'의 결실을 이루는 것을 목표로 해야 할 것이다.

효정사상을 심정사상의 심화라는 측면에서 보면 효정사

상이 수직적인 성격을 띠는 반면 심정사상은 수평적인 성격을 띠고 있다. 효정은 자식이 부모의 마음을 이해하는 측면이 강하다면 심정사상은 좀 광범위하다고 할 수 있다. 인류의 평화가 이루어지려면 부모가 자식을 사랑하는 간절한 마음을 모든 자식들이 이해하는 것이 주효하다고 볼 때, 효정사상이 더 중요하다고 할 수 있다. 반면에 심정이 없다면 효정도 이루어질 수 없다고 보면 심정 또한 그 저변으로서 중요하다고 하지 않을 수 없다. 문제는 정이 없는 인간, 정을 모르는 인간은 심정이고 효정이고 소용이 없다는 점이다.

통일교-가정연합의 효정사상과 심정사상을 성리학 및 동학과 비교를 통해 이해할 필요가 있다. 효정사상은 성리학의 명명덕明明德, 동학의 내유신령內有神靈-경敬에 가깝다면, 심정사상은 성리학의 신민新民-친민親民, 동학의 외유기화外有氣化-신信에 가깝다고 할 수 있다. 그리고 메시아종족메시아 사상은 성리학의 지어지선止於至善, 동학의 각지불이各知不移-성誠과 어울린다고 생각된다.

[효정–심정사상과 성리학과 동학의 비교]

성리학(大學)	동학–천도교	통일교–가정연합	
명명덕(明明德)	내유신령(內有神靈) –경(敬)	효정(孝情)사상	수직성
신민(新民)–친민(親民)	외유기화(外有氣化) –신(信)	심정(心情)사상	수평성
지어지선(止於至善)	각지불이(各知不移) –성(誠)	메시아(종족메시아)	중심성

　　유대기독교의 변천사를 보면 유대교의 시절에는 하나님 여호와이었다가 기독교시절에는 혁명적으로 '아버지'라는 말이 붙어서 '하나님 아버지'가 되어 지상으로 좀 더 가깝게 내려왔다. 통일교의 시절에는 또 다른 혁명적 사태로서 하나님 아버지, 하나님 어머니로 완전한 가정을 이루는 형태로 지상에 정착하였다고 볼 수 있다.

　　본격적인 가정연합의 시절에는 하늘부모님 하나님 아버지, 하나님 어머니, 천지인참부모님이 되면서 가정완성의 형태로 그 모습을 뚜렷하게 드러내었다고 볼 수 있다. 이제 인간이면 누구나 남자는 독생자, 여자는 독생녀가 되지 않으면 안 된다.

하늘(태극)부모님(음양), 천지인참부모님		유대기독교 변천	기독교 시대구분
하나님		유대교	구약시대
하나님 아버지		기독교	신약시대
하나님 아버지	하나님 어머니	통일교	성약시대
독생자	독생녀	가정연합	종족적 메시아시대
혈통의 하나님	심정의 하나님	가정완성	음양의 하나님
천주(天宙)평화—효정(孝情)평화		지상—천상천국	天地—地天시대

전반적으로 유교적·성리학적 도덕은 전통 왕조농업사회, 즉 수직위계사회의 것이고 그러면 오늘의 효사상이 되기 위해 현대 산업시민사회의 수평평등사회의 도덕으로 변용되어야 하는 과제가 온다. 따라서 도덕적 금욕주의에 대한 재해석이 필요한 것은 물론이고, 구체적인 행동규범도 새롭게 정립해야 할 것이다. 만약 행동규범이 없다면 효가 추상적인 단계에서 구체적인 실천에 이르지 못할 것이다. 이때 효의 상대주의는 자칫 혼란을 야기할 수도 있다. 효를 실천하는 자에게는 절대적이어야 한다.

개인의 깨달음을 우선하는 불교에서도 부모에 대한 효도는 매우 중요하게 다루고 있다. 특히 『부모은중경父母恩重經』

은 부모에게 왜 효도를 하여야 하는지를 불교사상을 들어서 잘 전해주고 있다. 『부모은중경』의 10가지 은혜十大恩[18]는 매우 구체적인 기술로 평가되고 있다. 아홉 번째 은혜는 다음과 같다.

"어버이의 은혜는 산처럼 높고 바다처럼 깊어 진실로 보답하기 어렵네. 자식의 괴로움을 대신 받기를 원하고 자식의 수고로움에 항상 마음이 편치 않네. 먼 여행길 떠나면 무사한지 잠자리마저 걱정하네. 자녀의 잠시 괴로움도 긴 시간 아픔이네."

열 번째 은혜는 다음과 같다.

"아버지 어머니의 깊고 지극한 정성은 언제나 사랑으로 넘쳐흐르네. 앉으나 서나 마음은 그림자처럼 멀거나 가깝거나 항상 따르네. 백 살 어머니가 팔십 자식 걱정하시니 깊은 정 어느 땐들 그치리. 목숨이 다 한날에 비로소 떠날

18　① 어머니 품에 품고 지켜 주는 은혜(懷耽守護恩) ②해산날에 즈음하여 고통을 이기시는 어머니 은혜(臨産受苦恩) ③자식을 낳고 근심을 잊는 은혜(生子忘憂恩) ④쓴 것을 삼키고 단 것을 뱉어 먹이는 은혜(咽苦甘恩) ⑤진자리 마른자리 가려 누이는 은혜(廻乾就濕恩) ⑥젖을 먹여서 기르는 은혜(乳哺養育恩) ⑦손발이 닳도록 깨끗이 씻어주시는 은혜(洗濁不淨恩) ⑧먼 길을 떠나갔을 때 걱정하시는 은(遠行憶念恩) ⑨자식을 위하여 나쁜 일까지 짓는 은혜(爲造惡業恩) ⑩끝까지 불쌍히 여기고 사랑해 주는 은혜(究意憐愍恩)(『한국민족대백과사전』 한국정신문화연구원).

것인가.”

『부모은중경』은 불교의『효경』과 같은 것으로 평가되고 있다.『효경』이 아버지의 은혜를 강조하였는가 하면, 『부모은중경』은 어머니의 은혜를 특히 강조하고 있는 점이 특징이다. 아마도 유교가 지배이데올로기였던 조선조 사회에서 효를 강조함으로써 불교가 시대에 적응한 측면도 없지 않을 것이다.

산업화 및 과학기술시대와 더불어 인간의 삶의 방식이 달라진 오늘날, 효도하는 데 있어서도 인간의 신체적 욕망과 물질적 욕구를 무시하고 절대적 도덕과 관념적 도덕으로 살 것을 현대인에게 요구할 수는 없는 것이다. 만약 전통적인 방식을 요구하면 도리어 효사상이 시대적으로 낙후하거나 시대정신에 맞지 않는 사상으로 추방될 가능성마저 있다. 그러나 효의 본래정신만은 되살려야 할 것이다.

농업사회에서는 인人을 노老로 사용했지만, 오늘날은 인人을 소小로 쓰는 시대이다. 오늘날 하루하루가 달라지는 산업사회에서는 젊은 사람들의 지식체계와 세계에 대한 이해가 더 삶에 중요한 자리를 점하고 있다. 요즘은 나이 많은 사람들이 젊은 사람들에게 경청해야 할 일이 많다.

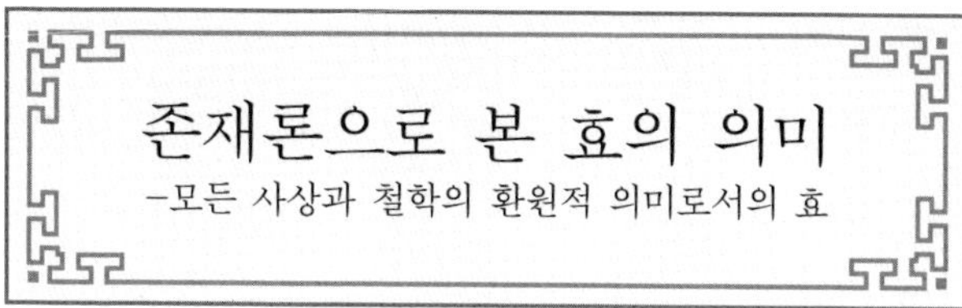

인간이 태어나면 가장 먼저 접하는 존재가 바로 부모이다. 따라서 인간에게 부모는 신체를 물려받는 존재인 것은 물론이고 문화적으로도 그 원형이라고 말할 수 있다. 어린아이는 먹는 것은 물론이고, 말하는 것, 행동하는 것 등 모든 문화적 행위 패턴도 부모를 모방하는 것에서부터 시작된다. 말하자면 인간이 자연을 모방하는 것에서부터 문화를 만들어가듯이 어린이는 부모를 모방하는 것에서부터 살아가는 방법을 터득하게 된다.

기독교에서 하느님을 '하나님 아버지'라고 하는 이유는 무엇일까. 말하자면 가정의 아버지와 같은 존재가 세계와 우주에서 하느님이라는 존재라는 뜻이다. 말하자면 '하나님-아버지'라는 말에 이미 세계의 원형과 팽창의 모습을 다 갖추고 있는 셈이다. '하나님-아버지'는 사실적 의미가 아니라 상징적 의미이다. 하나님-아버지의 의미 속에는 하나님-어머니의 의미도 내포되어 있다. 이는 예전에 하늘天을 표시하면서도 하늘땅天地의 의미로 쓰는 것과 같다.

인류문명이 인구와 문화에서 팽창하는 것과 더불어 가부장-국가사회로 접어들면서 남성의 존재가 삶에서 점차 더 중요한 존재로 부각되고, 아버지는 국가의 의미를 가지게 된다. 이는 조국祖國이라는 말에서 찾을 수 있다. 물론 여기에는 어머니라는 존재, 어머니의 나라로서의 모국母國의 존재가 점차 생략되거나 약화되는 경향이 있다. 그러나 우리는 조국, 모국을 한꺼번에 쓰면서 살아왔다. 여성의 존재가 완전히 사라진 것은 아니었다.

인류문명은 점차 가정 중심에서 국가 중심으로 바뀌었고, 여기에 발맞추어 가정에서의 효는 국가에서의 충과 같은 의미로 통하게 되었다. 그래서 우리는 충효忠孝라는 말을 같이 쓰고 있는 실정이다. 그래서 인간이 태어나면 충신과 효자가 되는 것이 삶의 지상목표, 즉 덕목이 되었다. 그러나 역사적으로 보면 효가 충보다는 먼저 발생한 것이라는 것을 알 수 있다.

오늘날 인류문명은 크게 팽창한 나머지 본래의 것본래 존재성을 잊어버리는 존재 사태에 직면하게 되어 인간의 정체성을 잃어버릴 위험에 빠져 있다. 인간의 도구가 되었던 기계는 이제 인간을 대체하려고 할 정도가 되었고, 기계가 아니면 인간의 삶을 도저히 영위할 수 없을 정도가 되었다. 인간은 인간-기계 사이에서 정체성을 잃어버릴 위험에 처하게 된 것이다. 그래서 인간의 문화는 귀향歸鄕의식을 가지게 되었고, 다시 효와 충을 찾지 않으면 미아가 될 지경에 처하게 되었다.

우리가 고향 하면 무엇을 제일 먼저 생각하는가. 물론 부모이다. 고향에 가면 부계친족이 함께 집성촌씨족부락, 동족부락을 이루면서 살았고, 그러한 흔적과 기억이 되살아난다. 그렇지만 부-모라는 말도 하나이면서 둘이다. 고향 하면 부모가 생각난다. 하지만 고향에 가 본 사람은 누구나 실감하게 된다. 만약 어머니가 없다면 그 고향의 의미는 퇴색되고 만다. 고향의 표면에는 아버지가 있지만 그 이면에는 어머니가 있음으로써 고향인 것이다. 그래서 존재의 고향은 부모이지만, 그중에서도 어머니이다.

어머니는 고향의 존재 그 자체이기 때문에 흔히 드러나지 않지만 어머니야말로 고향의 의미이다. 그래서 아버지는 고향의 기표표상이고, 어머니는 고향의 기의의미이다. 지구촌이 하나처럼 되면서 이제 다문화가정은 점차 보편적인 것이 되고 있다. 역설적이게도 지구촌이 되면서 존재의 여성성, 즉 어머니의 존재가 다시 제자리를 찾게 되었다. 이제 부모는 하나가 되면서 인류는 남성성과 여성성을 골고루 갖춘 존재로서 거듭나야 하게 되었다.

오늘날 효정의 진정한 가치를 기독교식으로 말하면 "네 이웃을 네 몸과 같이 사랑하라"에서 '네 이웃'을 '네 부모'로 바꾸면 된다. 즉 "네 부모를 네 몸과 같이 하라"라고 하면 된다. 동서양 경전의 말들은 맥락은 다르지만 결국 같은 진리를 말하고 있는 셈이다. '몸마음'이야말로 바로 '길이요, 진리요, 생명'인 셈이다.

[부모의 의미구조와 존재론적 의미]

부모 (父母)	아버지	국가	충(忠)	존재의 표상	추상적	존재의 고향 (존재론적 의미)
	어머니	가정	효(孝)	존재의 의미	신체적	
"네 이웃을 네 몸과 같이 사랑하라." — "네 부모를 네 몸과 같이 사랑하라."						

한국인의 심정문화,
세계평화를 위한 비전

효는 심정에서 출발하고 신체에서 완성된다. 심정은 심心의 공감이나 연대이고, 어떤 원리보다도 앞서는 것이다. 신체는 우주만물의 살아 있는 존재의 실상이라고 말할 수 있다. 역으로 신체가 없으면 심정도 없고, 심정이 없으면 효도 있을 수 없다. 효는 바로 심정적 존재론心情存在, 신체적 존재론신체 존재과 더불어 완성되는 것이다.

한국인의 정체성은 흔히 심정문화에서 찾아진다. 한국 사람이 모인 자리에서 정이 통하지 않으면 그 모임은 아예 없는 것이나 마찬가지이고, 결국 그 모임은 해체되고 만다. 그런 점에서 한국인에게 존재적 사건은 정이라고 말할 수 있고, 정은 또한 마음에서 비롯되는 것이기 때문에 한국인에게 존재는 심정이라고 말할 수 있다.

한국인은 추상적이고 논리적인 것에는 약한 편이다. 그래서 외래사상이나 철학, 문화가 들어오면 종교처럼 되거나 맹목적으로 추종하는 경향이 있다. 이러한 문화적 경향을 두고 '사대주의'라고 말한다. 그 대신 구체적이고 정감적인 면과 예술에서는 타의 추종을 불허한다. 한국인은 풍류도라는 전통에서도 알 수 있듯이 술과 가무歌舞를 좋아하는 민족이다. 세계적으로 춤추면서 동시에 노래를 잘할 수 있는 민족은 그리 많지 않다고 한다. 그중에서도 한국이 으뜸이다. 오늘날 K-팝이 아시아는 물론이고, 세계 대중음악시장에 떠오르고 있는 것은 그러한 전통과 한국인의 DNA 덕분이라고 말할 수 있다.

한국인과 한국사회를 두고 흔히 '정情의 사회[19]라고 한다. 그만큼 인정이 풍부한 나라가 한국이다. 한국문화와 사회를 비교문화인류학적으로 보면 농촌의 품앗이와 두레가 대표적인 예다. 중국이나 일본에서도 마음, 즉 심心이라는

---

19 박정진, 『한국문화 심정문화』, 미래문화사, 1990, 54쪽.

말은 많이 사용하지만 심과 정을 합한 '심정心情'이라는 말은 한국인이 유난히 즐겨 쓰는 말이다. 한국인은 법의 입법이나 집행, 재판 과정에서도 법보다는 법정서나 법 감정을 운위하곤 한다. 그래서 헌법과 법률을 비롯해서 말로는 법치사회를 주장하지만 그것이 제대로 실천되지 않는 경우가 많다. 한국인에게 정이 없으면통하지 않으면 존재가 없는 것이나 마찬가지이다. 한국인은 존재감을 정을 주고받음에서 찾는다. 말하자면 인정에 따라 법의 해석과 적용의 사례가 다르게 나타나기도 하고, 때로는 법의 형평성과 공평성의 문제를 야기하기도 한다.

법과 정은 대립적인 위치에 서고, 인정은 사회적으로 부정적인 측면으로 나타나기도 하지만 인정 자체를 나무랄 수는 없다. 인정은 심정에서 비롯된다. 나날이 인정이 메말라가는 자본주의─산업사회에서 인정의 덕목은 새로운 가치로 정립될 필요가 있다. 그동안 한국의 효사상과 심정 문화가 국가적으로는 불리하게 작용하여 최근세사에서 나라의 기강이 흩어져 일제의 식민지가 되는 수난을 겪기도 했다. 하지만 미래 여성시대에는 효사상과 심정사상, 즉 효정사상으로 인해 한국이 세계를 이끄는 선진국으로 발돌움하게 될 가능성이 높다. 이들 사상에 대한 주목과 복원이 절실하다.

서양문명권에서는 개인^{자유, 평등}과 국가^{국력}가 중요하지만 동양문명권에서는 가족이나 가정이 상대적으로 중요하다. 그래서 수신修身의 핵심은 효사상이고, 만약 효사상이 없다면 동양문명체계는 전체적으로 붕괴될 수밖에 없게 된다. 동양문명체계에 효가 없다는 것은 마치 서양문명체계에서 자유와 평등이 없는 것에 비할 수 있다.

동아시아 유교문화권에서는 선비나 사대부의 도리로 수신제가치국평천하修身齊家治國平天下를 말한다. 이는 수신을 한 뒤에 순차적으로 집을 가지런히 하고 나라를 다스리고 천하를 평정함을 말한다. 수신에 이어 동심원적으로 확대되는 세계관을 천명하고 있다. 그러나 수신에서 평천하는 단계적으로 실천해야 할 덕목이 아니라 동시에 실천해야 할 덕목이다. 말하자면 평천하하는 사람이라도 수신을 게을리해서는 안 된다.

현대의 윤리가 그 이전과 다른 점은 어떤 측면에서는 '수신제가치국평천하'가 거꾸로 된 '평천하제가수신'으로 환원되어야 하는 실정에 있다고 해도 과언이 아니다. 세계가 확장하는 시절에는 '평천하'가 가장 끝에 있었지만, 이제 역사적 환원과 복귀의 시대에는 '제가'와 '수신'이 가장 끝에 있어야 하는 사정이 되었다고도 말할 수 있다. 이 말은 세계의 지도자들이 수신제가가 안 된 상태에서 지도자가 되는 경우가 많다는 의미도 된다.

더욱이 제가수신에서도 한 걸음 더 뒤로 나아가 그 이전의 정심성의正心誠意에로 환원되어야 인간성을 회복할지도 모르겠다. 도대체 과학기술만능의 시대에 가장 없어진 것은 성의誠意이다. 도대체 만사에 성의가 없다. 과학기술시대의 최고의 가치는 성의가 될 날이 머지않은 것 같다. 세계가 하나의 네트워크체계로 변해 지구촌이 된 오늘날, 인류는 이제 확대보다는 본질로의 수렴이나 환원을 요구받고 있다. 가장 본질적인 것으로 다시 돌아가서 스스로를 수양해야 할 필요성이 대두되고 있다. 유교의 덕목은 역시 『중용中庸』이나 『대학大學』에서 그 원리를 잘 설명하고 있다. 중용은 '중中'과 '성誠'을 중시하고, 대학은 '명덕明德', '지선至善', '정正'을 중시한다.

이런 복귀의 시대에는 천하보다는 가정이 더 중요하다. 수신에 앞서 전제되어 있는 마음가짐이라고 할 수 있는 성

리학의 격물치지성의정심格物致知誠意正心의 '성의'와 '정심'
은 개인적·사회적 실천으로서 보다 구체화·제도화되는
'수신제가치국평천하'보다 더 본질적인 덕목으로 다가오고
있다. 유교도덕의 근본 바탕이라고 할 수 있는 성의와 정
심을 다시 끄집어내어 도의세계를 새롭게 구현하는 것이
오늘을 사는 사람들의 시대적 책무이다. 성의와 정심은 또
한 유교의 최고덕목인 '중정中正'을 의미한다.

예禮의 성패는 성의 여부에 달려 있다. 따라서 효도 성의
가 없으면 결국 형식주의에 그쳐 실패하고 말 것이다. 성
의는 또한 심정적으로 정을 얼마나 많이 주느냐, 정성을
얼마나 기울이느냐에 달려 있다. 정심은 그야말로 마음의
바른 자리를 찾는 것이다. 따라서 효정의 의미는 바로 성
의와 정심을 합친 의미로 해석할 수 있을 것이다. 말하자
면 성의와 정심을 합친 것이 심정이고, 심정의 핵심이 효
정이고, 효정을 통해서 마음가짐과 몸가짐을 바로 잡는 것
이 오늘의 예의 바탕을 마련하고, 길을 닦는 지름길이 됨
을 알 수 있다.

오늘의 예의 성립은 효정을 통하는 것이 가장 효과적이
고 실질적인 것임을 알 수 있다. 가정의 효를 세계적천주적

으로 극대화하기 위해서는 심정을 매개로 사용하지 않을
수 없다. 심정만이 우주 전체를 꽉 채울 수 있는 기운생동
이기 때문이다.

한편, 가정은 개인과 사회의 중간에 있음으로써 개인의
인격을 존중하는 가운데 사회가 전체주의로 치닫지 않도
록 중간 역할을 하여야 한다.

"그러므로 우리가 주의해야 할 것은 개개인의 인격이 가
정이라는 생활권을 통하지 않고 막 바로 사회에 참가해서
도 안 되고, 또 아무리 사회의 기본단위가 가정이라고 할
지라도 개개 인격을 삼켜버린 채 사회로 나아가는 일이 있
어서는 안 된다는 점이다. 왜냐하면 개개 인격이 가정을
무시하고 직접 사회에 참여할 경우 이는 가정의 존재를 약
화시켜, 심하면 무가정無家庭의 상태를 가져오게 될 것이며,
그러할 때 인간관계의 기본이 설정되지 않아 복합적이고
광범위한 사회 속의 인간관계가 잘 영위될 수 없을 것이기
때문이다. 그렇다고 윤리생활의 기본단위인 가정이 개개
인격을 말살하고 그대로 사회를 구성할 경우 여기서는 생
명체가 생존단위를 잃고 자유의지를 행사할 수 없는 집체

주의가 나타날 가능성이 많아진다."[20]

효사상이 가정윤리에만 머문다면 이는 인류를 구할 지구적 윤리로서 자리매김할 수가 없다. 효사상이 도의세계의 구현으로 승화되지 않으면 안 된다. 서양이 중심이 되어 이끌어온 근대문명은 개인개체, 개별성을 중심으로 하면서도 보편성을 추구한 문명이었다. 서양문명은 개별성과 보편성으로 구성되어 있다고 해도 과언이 아니다. 서양문명의 장점은 따라서 개별성에 뿌리를 두고 있는 개인의 자유와 보편성으로부터 추출된 과학기술문명이라고 할 수 있다. 그러나 오늘날 서양문명은 개인-이기주의와 과학-실용주의에 빠져 있다.

기독교가 그동안 사랑을 부르짖었지만 그것은 힘을 잃고 오늘날 서구 중심의 인류문명은 개인과 집단 간에 '종합적 권력주의'라고 할 수 있는 패권주의에 빠졌다. 패권주의라는 것은 생존경쟁을 권력경쟁으로 바꾼 호모사피엔스의 결정적이고 치명적 운명이라고 할 수 있는 '인류 공멸의 전쟁'에 대한 공포를 자아내고 있다.

----

20   김충열, 『유가윤리강의』, 예문서원, 2001, 86쪽.

　인간은 생물종 간의 생존경쟁에서 도구의 발명으로 지배자가 된 후 다시 인간집단 내의 권력경쟁에 들어갔고, 여기서도 역시 도구의 강도가 강한 집단이 승리를 쟁취하고, 패배한 집단을 노예나 종으로 삼는 행태를 보여 왔다. 결국 도구는 그것이 생존도구이든, 생산도구이든 집단과 개인의 사회적 지위를 결정하는 요소로 작용했다. 문제는 그 도구가 호모사피엔스를 전멸시킬 정도로 가공할 수준에 도달했다는 데에 있다. 인간은 이제 본의 아니게 도구체계에 의해서 전멸할 수도 있는 기로에 서게 된 것이다. 그런 점에서 도구는 인간의 종말을 내재하고 있는 '자기 종말적—인간 멸종적 도구'가 될 모순에 처하게 되었다.

　이를 정신적으로 극복하기 위해서는 가정윤리 속에 숨어있는 보다 일반적인 도의의 알맹이를 찾아내야 한다. 그것은 바로 개인개체이 무엇으로어디로부터 탄생하였는가를 깨닫는 일과 만나게 된다. 바로 어떤 개인도 부모로부터 태어난 존재임을 부인할 수 없다는 사실이다. 여기에 효사상의 일반적인 가치가 내재해 있는 것이다.

　서양문명의 보편성—개별성의 연합은 이제 개별성—일반성의 연합으로 크게 중심 이동을 하지 않으면 안 되게 되었고, 일종의 문명과 도덕의 자연주의를 표방하지 않으면 안 되는 절체절명의 위기에 빠져 있는 셈이다. 여기에 동양의 도의사상이 단순한 윤리와 다른 점이 내재해 있다. 동양의 도의사상은 기본적으로 자연의 도를 숭상하는 동양의 도학의 정신을 바탕으로 하고 있다. 이제 인류문명의 지역적집단적·문화권적으로 수립된 보편성을 보편성이라고 주장할 것이 아니라 인간과 자연에 내재한 공통성을 바탕으로 다시 일반적이고 보편적인 인류의 윤리를 구현해야 할 시점에 도달하였다.

효사상에는 부모로부터 태어났다는 인간의 공통성인 일반성이 내재해 있으며 이를 통해서 세계적인 도의로 성장할 가능성을 내포하고 있다고 볼 수 있다. 다시 말하면 효사상은 일반적이고 보편적인 도의인 것이다. 인간은 각자의 마음에 '양심良心'이라는 것을 가지고 있다. 이 양심은 시공간을 초월한 것으로서 인류가 인위적으로 구성한 보편성보편적 도덕이 아니라 태어나면서 가지고 있는 자연적 일반성자연적 도의이다. '마음'은 효사상과 마찬가지로 자연이 인류에게 선물한 것이다. 마음이 전달되려면 정이 있어야 한다. 마음과 정이 하나가 된 것이 바로 심정이다.

효사상이 혈통적 사고의 산물이라면, 심정은 우주적 사고의 산물이다. 혈통은 남성적 권력을 의미하지만, 심정은 여성적 비권력을 의미한다. 효사상의 수직성을 심정사상의 수평성으로 통합·확장하여 우주적 사유의 경지에 도달할 때 '우주인의 마음心情'이 된다. 이것이 도의세계 구현의 요체이다.

자연이 선물한 효사상과 심정을 동시에 가질 때 인간은 본래인간으로 돌아가는 것이다. 효와 심정의 결합은 그러한 점에서 가정과 우주를 연결하는 동시에 인간의 삶을 우주적으로 확장함으로써 '우주적 인간', '천주적天宙的 인간'이 되는 길을 열어주는 것이다. 이러한 도의세계의 경지는 종교·종파·인종을 떠나서 개인의 인격을 우아일체宇我一體의 존재로 해탈시킬 것이다.

효와 심정의 복합어인 효정은 물질만능시대의 인간을 보다 인간답게 치유할 수 있는 본질적 도의윤리라고 할 수 있다. 효와 심정은 '자연과 양심의 소리'를 대변한다. 천하를 다스림으로써 인간과 가정을 다스리기보다는 가정을 다스림으로써 인간과 천하를 다스리는 것이 훨씬 더 효과적이며, 현대의 문제를 해결할 수 있는 첩경일 것이다.

오늘날 세계 각국은 새로운 도덕과 윤리를 만들기 위해 안간힘을 쓰고 있다고 해도 과언이 아니다. 오늘의 물질문명, 과학기술문명에 맞서서 인간성을 잃지 않고 살아갈 수 있는 긴장관계를 이루어 갈 수 있는 도덕윤리로서 효정문화는 한국문화가 세계에 내놓을 수 있는 문화콘텐츠임에 틀림없다. 효정문화를 통해 우리의 도덕윤리를 회복하고, 동시에 이를 한국의 문화브랜드로 성장시키는 데에 주력할 때 한국은 세계적 문화선도국가가 될 수 있을 것이다.

과학기술사회와 긴장관계를 잃지 않고 유일하게 대결할 수 있는 사상은 오직 효와 심정뿐이다. 기계는 정이 없다. 만약 기계가 인간의 정을 나눌 정도로 발전하고 교감한다고 해도 그 정은 정보로서 기계에 이미 입력된 정보일 뿐이다. 따라서 정이야말로 인간이 인간임을, 인간의 정체성을 유지할 수 있는 유일한 덕목이다.

한국인의 정은 서양과학기술문명의 로고스와 대적할 수 있는 강력한 문화정체성으로 각광을 받을 것으로 예상된다. 효와 심정의 결합인 효정사상의 출현은 시대적 소명에 따른 역운적歷運的, 역사운명적 제안이며 성과라고 할 수 있다. 서양문명이 여러 분야에서 발달하고 세계를 제패하고 있

다고 하지만 아직 효도에 관한 한 동양에 비해 부족하다.[21]

"가부장시대-천지天地시대에는 천리天理를 중심으로 살았지만 모성중심시대-지천地天에는 지정地情을 중심으로 살아야 한다. 천지시대에는 충을 중심으로 살았지만, 지천시대에는 효를 중심으로 살아야 한다. 기계의 정은 결국 기계의 명령에 불과하다. 효는 가정적 존재인 인간의 정의 구체화이다. 정이 없으면 효도 있을 수 없고, 효정은 따라서 심정의 제도화이다. 생명을 정이 자발적으로 나오는 것이라고 말한다면 효정은 생명의 근본이다."[22]

하늘은 언제나 각 시대마다 타락하고 잃어버린 것을 가지고 인간을 다시 살려내려고 정성을 기울여왔다. 하늘이 오늘날 효정을 강조하는 까닭은 역으로 해독해보면 지금 우리 시대에 가장 부족한 것이 바로 효심이고, 심정이라는 것을 알 수 있다. 정도의 차이는 있지만 오늘날 대부분의 인간은 불효자라는 사실을 부인할 수 없다. 너 나 할 것 없이 모두 불효자이다. 불효자는 아무리 사회적인 성공과 출

----

21 역사학자 아놀드 토인비는 "동양의 효사상이야말로 인류를 구할 미래적 사상"이라고 격찬하면서 눈시울을 적신 바 있다.

22 박정진, 『위대한 어머니는 이렇게 말했다』, 살림출판사, 2017, 559~560쪽.

세를 하여도 결코 하늘에 다다를 수 없다. 오늘날 효도는 하늘과 바로 통하는 '좁은 문'이다. 효도는 또한 이데올로기로서는 가장 소박한 것이다.

오늘날 효정이 강조되는 것은 통일교-가정연합의 유교로의 귀향과 평천하에서 다시 수신으로 수렴시키는 노정이다. 개인적으로는 수신에서 다시 마음의 가장 근본인 성의와 정심을 새롭게 경각시키는 것이며, 사회적으로는 최종적으로 인류의 완성을 가정과 여성을 통해 실현시키려는 인류문명의 귀향이며, 원시반본을 나타내는 것이다.[23]

효정을 '하나님 아래 한 가족'one family under God에 대응시켜 보자. 'One family under God'을 한자로 그대로 옮기면 '천하일가天下一家'가 된다. 이때의 천은 하늘을 뜻하기도 하지만 더 넓게는 자연을 의미하기도 한다. 더욱이 여기서 가족이라는 것은 흔히 말하는 좁은 의미의 가족과 가정이기도 하지만 더 넓게는 세계가족과 세계가정을 의미한다고 해석할 수 있다. 결국 '하나님 아래 한 가족'의 숨어 있

----

23 통일교를 창교한 문선명 총재가 가장 먼저 배운 공부는 유학이었으니 결국 기독교와 불교를 거쳐 유교로 돌아온 셈이다. 유교야말로 동방의 샤머니즘(神仙敎), 선도(仙道)와 가장 가까운 곳에 있는 세계 종교이다.

는 의미를 해석하면 '자연과 더불어共 한 가족' '자연과 더불어共 사는生 인간'이 된다.[24]

　'One family under God'을 가정과 국가로 나누어서 해석해보면 'family가족'는 어머니와 가정을 의미하고, 'God하나님'은 아버지와 국가를 의미한다. 또 가족은 심정과 사랑의 하나님이 되고, 하나님은 혈통과 원리의 하나님이 된다. 또 가족은 효정효도+심정을, 하나님은 효천효도+충성을 의미하게 된다. 가족은 가정연합을, 하나님은 통일교를 이룬다. 양자를 결합하면 '하나님 아래 한 가족' '세계 한 가족' '천주천일국'이 된다.

['One family under God'에 대한 의미론]

한 가족(one family)	하나님 아래(under God)
여성성–가정	남성성–국가
심정과 사랑의 하나님	혈통과 원리의 하나님
효정(孝情): 효도+심정	효천(孝天): 효도+충성
가정연합	통일교
하나님 아래 한 가족, 천주평화통일국(天宙平和統一國)이 된다.	

24　여기서 '더불어(共)'는 공생·공영·공의(共生·共榮·共義)사상과 연결된다.

효정사상에 따른 유교로의 귀향의 최종목적은 무엇인가. 유교의 최종덕목은 그동안 수기치인修己治人이나 수신안인修身安人이었다고 할 수 있다. 그런데 이제 그것으로 부족하여 하늘을 편안하게 하는 경지에 오르지 못하면 세계가 평화롭게 다스려질 수 없음을 우리에게 알려준다. 즉 수신천안修身天安을 해야 세계가 평화로워질 수 있음을 알려주는 것이다. 수신천안은 내 몸을 닦아 하늘을 편안하게 하는 것을 의미한다.

그렇다면 인간이 하늘을 어떻게 편안하게 할 수 있을까. 여기에 '하늘을 불쌍하게 여기는 마음깨달음'이 있어야 한다. 무엇을 불쌍하게 여겨야 그것을 편안하게 하고자 하는 자비慈悲의 마음이 일어나기 때문이다. 하늘을 불쌍하게 여기는 자비의 마음은 효천孝天의 마음과 같다. 효정의 마음이 효천으로 충천沖天, 衝天하고 그것을 통해 천안天安에 도달하여야 함을 알 수 있다.

결국 효정이 하늘에 닿아 효천을 이루어야, 효정-효천이 되어야 완성된다고 할 수 있다. 효천을 이루면 바로 하늘부모님, 천지인참부모님을 섬길 수 있는 위치에 서게 되는 것이다. 이는 유교가 수신제가치국평천하로 완성되던 것을 가정_{가정교회}의 효도로서 새롭게 풀이하여 평천하에 이르도록 한 것과 같다.

효천사상은 바로 유교의 '효제_{孝悌}'와 불교의 '자비'와 기독교의 '사랑'이 하나라는 것을 한마디로 응축하고 요약해서 새롭게 표현한 말이다. 지금까지 인간은 하늘에 기대어 무엇을 바라고 축복해줄 것을 요청했으나 이제 인간이 스스로 하늘을 위로하고 편안하게 하는 수준에 이르러야 진정한 인류평화를 이룰 수 있음을 깨닫게 한다.

이상을 다시 정리하면 '수신천안'의 경지에 도달해야 유·불·선·기독교·이슬람교의 덕목을 모두 실천하는 새로운 인간, 즉 신인간_{新人間}이 됨을 알 수 있다. 결국 수기_{修己}가 천안_{天安}이 되고, 천안이 수기가 되려면 선_禪불교의 점수돈오_{漸修頓悟}, 돈오점수_{頓悟漸修}처럼 끊임없이 서로 왕래해야 함을 알 수 있다. 인류의 모든 종교가 통일되고, 그것이 가정의 교회_{내 몸이 교회이고 내 가정이 교회이다}로 수렴되어야 새로운 신천지가 마련됨을 알 수 있다. 우리는 다음과 같은 경구를 생각해볼 수 있다. "하늘이 편해야 나_땅도 편하다."

효정사상은 한자문화권의 공감의 문화, 즉 '반구성의 공감'의 문화가 인류에게 선물하는, 가정으로부터 평화사상을 실천하는 역지사지의 지혜라고 할 수 있다. 그런 점에서 효정사상은 인류평화를 위한 가장 소박한 실천적 덕목의 알파와 오메가이다. 심정을 바탕으로 부모가 자식을 사랑하고, 자식이 부모에게 효도하는 사상만큼 자연적이고 소박한 이데올로기는 없을 것이다. 효정을 바탕으로 하늘사상에 이르는 것이 효천사상이다.

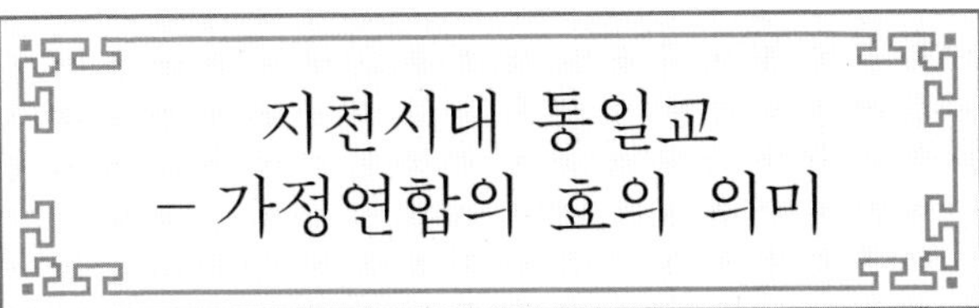

여성시대, 가정시대, 가정구원의 시대를 맞는 인류의 사상 가운데 가장 자연스럽게 인간에게 다가오는 것은 효사상이고, 효의 의미가 새롭게 부각될 수밖에 없는 것은 시대적 소명이다. 주자의 삼강오륜三綱五倫[25]이나 원광법사의 세속오계世俗五戒[26] 가운데도 항상 효사상은 들어 있다. 특히 한국의 전통사상인 세속오계에는 '사친이효事親以孝'라고

---

25 삼강은 군위신강(君爲臣綱)·부위부강(夫爲婦綱)·부위가장(父爲子綱)이다. 오륜(五倫)은 군신유의(君臣有義)·부자유친(父子有親)·부부유별(夫婦有別)·장유유서(長幼有序)·붕우유신(朋友有信)이다.

26 세속오계는 사군이충(事君以忠)·사친이효(事親以孝)·교우이신(交友以信)·임전무퇴(臨戰無退)·살생유택(殺生有擇)이다.

해서 부모에 대한 효도가 확실하게 들어 있다.

지천시대의 효의 의미는 무엇보다도 남존여비의 사고를 극복하는 것에 있다. 남녀동등의 사고를 기본 바탕으로 해서 효가 재정립되어야 한다. 특히 효는 어머니, 여성과 깊은 관련을 맺고 있다. 왜 우리는 무의식중에 효녀를 중시하고, 어머니를 고향으로 여기는가. 흙과 여성이 보다 근본이기 때문이다.

앞에서도 말했지만, 한자 '孝'를 글자를 보면 흙 토土자 아래에 아들 자子자가 있는 형국이다. 결국 땅을 중심으로 형성된 문자이다. 하늘을 중심으로 사유하면 추상적이고 보편적인 세계를 추구하지만 땅을 중심으로 하면 구체적이고 일반적인 세계를 추구하게 된다. 효사상이야말로 땅과 몸을 중심으로 구성된 사상이다. 땅이 하늘 위에 있는 '지천地天시대'를 상징하고 있다. 인간은 흙에서 태어났다가 흙으로 돌아간다는 말이 있다. 인간의 몸을 이루는 것은 결국 흙이라는 뜻이다.

하늘이 천리天理를 상징한다면 땅은 지리地利를 상징한다. 천리가 중요하게 다루어지던 시대에서 지리와 지기地氣가 중요한 시대로 접어들었다. 이는 남성성이 중요하던 시대에서 여성성이 중요해지는 시대로 접어들었음을 의미한다.
여성은 남성에 비해서는 상대적으로 신체적 존재이다. 여
성시대에는 정신보다는 육체신체가, 하늘보다는 땅이 더
중요해지며, 과거보다는 현재가 더 중요해진다. 그동안 정
신과 육체로 이분二分되었던 신체는 몸과 마음이 하나인
'燼'으로 돌아간다.

이러한 지천시대의 변화를 통일교-가정연합의 입장에
서 보면, 통일교시대가 '애천·애인·애국의 시대'였다고
한다면 가정연합시대는 '효정의 시대'로 요약되고, 탈바꿈
되었다고 할 수 있다. 굳이 말하자면 애천에 대응하는 것
이 효이고, 애인에 대응하는 것이 정이라고 말할 수 있다. 따
라서 효는 하늘에 효도하는 효천의 의미를 내포하게 되고,
정은 땅으로 외연을 넓혀 세계만민세계일가을 사랑하는 심정
으로 자리매김되는 것이 가장 바람직한 정향正向일 것이다.
이 둘의 통합이 바로 효정이다.

동학에서는 경천경인경물敬天敬人敬物로 천지인사상을 표
현한 것에 비교할 때 애愛자와 경敬자를 같은 의미로 보면
결국 동학-천도교과 통일교-가정연합의 차이는 애국愛國
과 경물敬物에서 드러난다고 볼 수 있다. 애국은 매우 현상

학적인 차원이고, 경물은 존재론적인 차원이다. 아마도 시대적 필요성에 따라 용어의 사용이 달라진 것으로 볼 수 있다. 아무튼 동학-천도교는 일제강점기를 앞둔 시점에서 평등과 여성해방, 그리고 생태환경에 보다 큰 관심을 보인 반면 통일교-가정연합은 남북분단 상황이라는 변수가 작용하여 애국과 통일, 그리고 평화에 관심을 더 보이고 있음을 알 수 있다.

"충신 아닌 효자는 있어도 효자 아닌 충신은 없다"는 옛말이 있다. 이 말은 효가 더 본질적인 것이라는 사실을 드러내는 말이다. 따라서 우리는 먼저 효자효녀가 되고 그 다음에 충신이 되어야 함을 깨닫게 된다. 그래서 효를 통해서 충까지를 설명하는 용어로 효천의 개념이 등장하게 된 것이다. 효천은 효가 하늘에 이른 것, 하늘에 충천沖天. 衝天하는 것을 의미한다. 여기서 효정의 효는 효와 충의 개념이 통합된 새로운 개념으로서의 의미가 있다.

충은 본래 국가의 발생과 더불어 가정 중심의 개념인 효가 국가 중심의 충으로 연장된 개념으로 출발하였다. 만약 인류가 다시 가정 중심의 삶을 보다 강화해야 한다면 충의 개념을 포함한 효의 개념을 정립할 필요가 있고, 그것에

부응한 것이 바로 효천이라는 개념이다. 효천 개념은 가정人 중심가정교회을 하면서도 천지인사상의 천天: 하나님주의, 하나님나라, 천국, 천일국을 이 땅地에서부터 실현하는 의미가 있다.

서양의 '개인개체-개인주의'와 '실체-실체주의'에 의해 구축된 서양문명은 결코 효도와 심정을 결합한 효정을 주장할 수 없다. 개인구원의 실패를 동양의 가정윤리가족, 관계에 의해 가정구원으로 변형시키려는 통일교-가정연합은 효정을 통해서 효천에 이르는 새로운 길을 제시하고 있다. 통일교의 '원리-심정'은 이제 가정연합에 이르러 '효정-효천'으로 '사랑의 신체성'과 '심정의 신체성'을 동시에 회복하는 바탕 위에서 원리성을 확보하는 길로 들어선 셈이다. 효정-효천사상은 필자의 신체적 존재론의 실천적 모습이면서 서로 그릇신체적 존재론과 내용효정-효천의 음양 관계를 형성하는 것이다.

효정사상은 유·불·선·기독교·이슬람교의 통합사상으로 볼 때도 동북아시아에서 출발한 인류의 원형문화가 본래 자리로 돌아온 것을 상징하고 있다. 통일교-가정연합은 기독교에서 출발하여 불교를 거쳐 이제 동양의 유교-샤머니즘에서 새롭게 그 자리와 틀을 형성하려는 우주적 기운생동활동성의 중심에 있다. 하나님하나님 아버지에서 부처로, 부처에서 다시 하늘부모님, 천지인참부모님으로 회귀하고 자 하는 문명의 방향은 일종의 유교적 문예부흥이면서 동 시에 문명의 원시샤머니즘반본이라는 이중적 성격을 품고 있다.

통일교-가정연합은 항상 '원리'와 '심정'이 함께 역동적

[통일교-가정연합과 효정(孝情)의 원리]

기독교	구원	사랑 – 심정	하나님 – 참부모	신체성 – 원리성
기독교	개인구원 (실체론)	사랑 (네 이웃을 네 몸과 같 이 사랑하라)	절대유일신 – 하나님	심물일체(心物一體) – 신물일체(神物一體)
통일교- 가정연합	가정구원 (음양론)	원리 – 심정(心情) 심정 – 효정(孝情) 효정- 효천(孝天)	참부모 (하늘부모, 천지인 참부모) – 참사랑	수기치인(修己治人) – 수신안인(修身安人) – 수신천안(修身天安)

으로 움직여야 힘을 발휘할 수 있다. 그러면서도 미래여성 시대에는 심정_{심정의 하나님}이 더 강조되어야 함은 시대정신 이고, 시대추세이다. 미래는 무엇보다도 '심정의 시대', '감성의 시대', '교감의 시대', '공감의 시대'이기 때문이다. 공감이 발전하면 공생·공영·공의共生共榮共義의 세계도 가능할 것이다.

공생·공영·공의의 순서는 매우 중요하다. 공생·공영·공의의 경우도, 공생은 목적이 되고 그 목적을 실현하는 방법론으로서 공영과 공의가 있는 것이다. 공영을 먼저 이룬 뒤에 공의를 실현하는 것이 인류가 함께 사는 최선의 방법론이다.

감성의 시대에는 심정이 중요하다. 존재가 있고, 존재의 원리가 있듯이 심정이 먼저 있고, 원리가 탄생한 것은 모든 남자가 여성의 몸에서 태어나는 이치와 같다. 여성은 존재적 특성을 가졌고, 남성은 존재자적 특성을 가지고 있다. 존재적 특성을 가진 여성은 이타적이고, 존재자적 특성을 가진 남성은 이기적이다. 여성이 이타적인 것은 어머니를 통해 알 수 있다.

지천시대, 여성시대에 이르러 우리는 너무나 잘 알려진

격언인 가화만사성을 떠올릴 수 있다. 효정사상이 이 시대에 중요한 까닭은 바로 모든 평화와 행복이 가정에서 시작되기 때문이다. 이런 사정을 천지에 적용하면 바로 주역의 원리상 지천地/天 태泰괘가 된다. 이때의 '태'자는 '통할' 태泰자이다. 그 반대가 '막힐' 비否괘이다. 땅과 하늘, 하늘과 땅이 통해야 한다. "땅이내가 편해야 하늘도 편하다."

자연섭리의 변화에 따라 우주의 역易도 바뀌었다. 종래

[통일교-가정연합의 가정연합]

통일교	가정연합	지천시대의 특징
원리원본의 하나님 (혈통론 중심)	심정의 하나님 (심정론 중심)	
가부장-국가시대	여성-지구촌시대	
원리의 현상학 (정신-육체)	신체적 존재론 (몸 · 마음)	심정이 원리를 낳았다/ 여성이 남성을 낳았다/ 어머니는 본질적으로 이타적이다.
참되다(眞), 참답다(善)	참하다(美)	
중용(中庸), 중도(中道)	성(誠), 정성(精誠), 효정(孝情)	
이기적	이타적	

선천복희팔괘先天伏羲八卦에서 후천문왕팔괘後天文王八卦로, 문왕팔괘는 다시 일부一夫 김항金恒에 의해 정역正易으로 바뀌었다. 정역은 하늘과 땅이 거꾸로 된 괘상으로 지천시대를 드러내는 역이다. 정역은 종래의 천지地天가 지천地天으로 바뀌면서 음양이 제자리로 돌아간 정음정양正陰正陽의 시대를 의미했다.

이에 더하여 미래 역易은 정역의 지천地天 축은 그대로 두고 다시 지천 축을 중심으로그것을 거울삼아서 정반대로 팔괘의 자리가 바뀌는 것이다. 그렇게 되면 축地天 축을 제외한 육괘가 모두 바뀌는 것이다. 미래 역에서는 한국이 위치한 동북방이 진震괘가 되면서 크게 발전하게 된다.

제3장

두익사상과
제3평화론

두익사상의 특징과 미래적 전망

문선명 총재의 통일사상과 '두익頭翼사상'을 객관적·입체적인 입장에서 보면 우선 천부경의 천지인天地人사상의 입장에서 기독교의 유일절대신과 메시아사상을 재해석한 것으로 볼 수 있다. 문 총재는 기독교 사랑愛의 정신을 접두어로 사용해서 애愛자 플러스 천지인을 감행했다. 문 총재의 천지인사상이 가장 잘 드러나는 대목은 바로 애천·애인·애국사상이라고 할 수 있다.

문 총재는 천지인으로 볼 때 애천·애인은 그대로 쓰면서 왜 애지愛地에 해당하는 것을 왜 굳이 애국愛國이라고 했을까. 물론 애국은 애지보다는 폭이 좁은 사상이고, 세계적인 사상가로서는 도리어 협소해지는 느낌도 없지 않다. 그런데 왜 굳이 애국이라고 했을까. 여기에는 지상에 나라^{지상천국}가 있어야 천상의 나라^{천상천국: 천일국}를 건립할 수 있다는 의미도 포함되어 있을 것이고, 우리가 생각하지 못하는 또 다른 매우 전략적 의미도 포함되어 있을 수 있다. 아무튼 애국이라고 명명한 것은 일종의 호국불교 전통을 잇는 호국기독교사상과 같은 것이 내포되어 있다고 여겨진다.

다른 한편 문 총재의 통일교-가정연합의 창립사상을 민족사상 혹은 민족종교의 입장에서 볼 때는 구한말 동학사상에 기독교사상을 접목한 것으로 해석될 수도 있다. 이 부문에 대해서는 필자가 이미 『메시아는 더 이상 오지 않는다』[27]라는 책에 발표했기 때문에 여기서는 생략한다. 문 총재의 사상은 기독교사상과 민족종교사상 혹은 세계사적인 입장과 민족사적인 입장, 그리고 인류문명사적 입장에서도 볼 수 있는 다면체라고 말할 수 있다.[28]

----

27 박정진, 『메시아는 더 이상 오지 않는다: 예수-부처-문선명』, 행복한에너지, 2016.

28 필자는 이를 『메시아는 더 이상 오지 않는다: 예수-부처-문선명』에서 '문선명 총재의 세계사적 의미(세계일보 2012년 9월 5일자)', '문선명 총재의 한국사적 의미(세계일보 2012년 9월 6일자)', '문선명 총재의 기독교사적 의미(세계일보 2012년 9월 7일자)', '문선명 총재의 전통종교적 의미(세계일보 2012년 9월 10일자)' 등의 제목으로 밝힌 바 있다.

특히 문 총재의 통일사상이 생애 후기에 가장 직접적으로 나타난 두익사상으로 볼 때는 애국이라는 국가철학을 몸통으로 하고, 남북으로 갈라진 좌익과 우익을 합치는 의미에서의 '두익'으로 우선 해석할 수 있다. 말하자면 국가철학이 없는 두익은 현실적인 성과가 요구되는 역사철학과 실천철학으로 볼 때 생명력을 잃게 된다. 그런 점에서 볼 때 두익사상은 국가철학과 기독교사상의 입장에서 크게 두 줄기로 해석되어야 참모습, 제대로의 모습을 조명할 것으로 생각되어진다.

우선 두익사상이 피력된 문 총재의 말씀을 『천성경天聖經』, 『평화경平和經』, 『참부모경』 등 삼경三經에서 볼 필요가 있다.

두익사상의 기독교사상적인 측면은 이상헌 선생이 간략하게나마 연구·요약한 성과를 『성약시대 주체사상 교재』에서 볼 수 있는 것은 다행스럽다고 할 수 있다.[29]

29　이상헌 선생은 성약시대 주체사상 교재를 통해 총 12강좌를 제시하였다. 이 내용 중 9강좌 (섭리로 본 한국민족사)만 제외하고 나머지 모두는 문선명 총재의 직접적인 가르침을 정리한 것이라고 간증하였다. 12강좌의 내용은 다음과 같다. 제1강 현실문제와 평화, 제2강 메시아와 성현의 차이, 제3강 참부모 선포의 섭리적 배경, 제4강 3대 주체사상, 제5강 공생·공영·공의주의, 제6강 4대 심정권과 3대 왕권, 제7강 미래의 이상사회의 실상, 제8강 하나님축복영원선포식의 섭리적 의의, 제9강 섭리로 본 한국민족사, 제10강 세계평화통일당의 섭리적 의의, 제11강 섭리로 본 남북통일방안, 제12강 현실문제 해결의 조기 달성과 어머님 연설문

이 책에서 특이한 것은 본론에 들어가기에 앞서 평화라든가, 주체라는 용어를 북한의 공산주의자들도 쓰고 있음을 상기시키고, 이를 '거짓'과 '참'으로 구분하면서 경계하고 있다는 점이다. 따라서 같은 말을 한다고 같은 의미가 아님을, 경우에 따라시는 정반대의 의미를 내포하고 있음을 주지시키고 있다.

또한 눈여겨볼 만한 대목은 성현聖賢과 메시아의 입장이 다른 점을 상기시키면서 성현은 천사장의 입장, 즉 아담의 출현을 돕는 입장이고, 메시아는 아담의 입장, 하나님의 독생자 입장임을 천명하고 있다. 그리고 세례 요한의 입장과 성현 입장의 동일성을 주장하고 있다.

위의 책은 또 '인류역사는 형제간의 투쟁의 역사', '참부모 선포의 섭리적 배경의 모형도', '참부모 선포의 섭리사적 배경의 모형도초임 시, 재림 시' 등을 도표로 보여주고 있다. [30] 이 글은 주체사상에 집중하는 관계로 이 부문에 대한 해석은 생략하기로 한다.

이상헌 선생은 문 총재의 주체사상을 세 가지로 요약하

---

30 이상헌, 『성약시대 주체사상 교재』, 통일사상연구원, 1995, 15~19쪽.

고 부연설명하고 있다. 3대 주체사상은 가정의 중심인 부모, 학교의 중심인 스승, 주관경영의 중심인 주인으로 요약하고 있다. 이들 3대 주체는 자녀, 제자, 피주관자에 대한 내리사랑의 실천으로 올리사랑을 유발하는 한편 자녀·제자·피주관자 사이에는 수평적인 가로사상을 실천하게 하고 있다.[31] 주체사상의 내용을 보면 각 주체들은 주인정신으로 사랑을 실천함으로써 결국 참사랑의 공동체를 실현하는 것을 목표로 하고 있다.

가장 주목되는 내용은 북한의 김일성 주체사상과의 비교이다. 참고로 이것을 도표를 소개하면 다음과 같다.

남·북한의 주체사상은 한마디로 대립하고 있다. 통일교-가정연합의 3대 주체사상은 기독교사상의 사랑을 주축으로 하고 있고, 김일성 주체사상은 마르크시즘의 계급투쟁사상을 내용으로 하고 있다. 마르크시즘은 흔히 기독교마르크시즘이라고 말하기도 한다. 겉으로 표명하는 것은 기독교의 평등 및 해방사상과 매우 닮아 있기 때문이다. 아무튼 머리에 날개를 달기 위해서는 두 사상의 상호이해

---

31 이상헌, 같은 책, 20~23쪽.

가 필요하다.

문 총재의 통일평화사상은 1960~70년에 전국적으로 승공운동과 반공운동을 펼칠 때는 통일사상으로 구체화되었다. 그 후 80년대를 거쳐 90년대에, 정확하게는 1991년 12월

[문선명의 3대 주체사상과 김일성 주체사상]

	3대 주체사상	김일성 주체사상
주체의 뜻	중심	주인
당사자	부모, 스승, 주인	인민대중 (실제로는 공산주의자)
주체의 역할	참사랑 중심의 양육, 교육, 주관	혁명역량의 확대강화
주체의 주체	인류의 참부모(메시아)	어버이 수령 (거짓 메시아)
주체의 대상	자녀, 제자, 부하	지배자 (사장, 스승, 정부)
주체의 심리	참사랑에 의한 연민과 온정	증오심, 적개심
주체의 사명	참사랑의 실천, 통일	계급투쟁, 혁명
사명완수의 방법	화해, 포용	위장, 폭력, 증오
사명완성의 동기	자유의사(책임분담)	강요당함 (공포수단)
주체의 근원	하나님	사탄(惡靈)

25일 소비에트사회주의공화국연방소련 체제가 해체되면서
공산주의가 붕괴되고, 미국 중심의 자본주의가 독주체제
를 구가하면서 물질만능주의에 따른 도덕적 타락과 함께,
소련으로부터 해방된 동유럽에서 경제적 능력 상실로 다
시 공산주의로의 향수가 일어날 때 양 체제의 극복을 통한
제3의 길로 두익사상이 제안되었다.

다시 말하면 두익사상은 공산주의의 멸망과 더불어 자
본주의의 도덕적 타락을 넘어서는 제3의 사상으로 주창되
었다. 제20차 국제과학통일회의1995년 8월 21~25일, 서울 그랜드
워커힐호텔[32]에서 발표한 이상헌 선생의 '두익사상을 향하여'
를 보면 당시 두익사상의 탄생 배경을 잘 살펴볼 수 있다.[33]

"이것두익사상은 무신론·유물론을 극복하면서 좌익과 우
익의 사상을 고차원에서 통일하는 사상이며, 종교나 사상
의 대립, 민족이나 인종의 대립을 넘어서 지구가족세계의

----

32 제1회 국제과학통일회의(ICUS: International Conference on the Unity Science)는 1972년
    11월 23일부터 4일간 미국 뉴욕 월돌프 아스토리아 호텔에서 8개국 50여 명의 저명한 학
    자, 교수 등이 참석한 가운데 '현대과학의 도덕적 방향에 대하여'라는 주제로 개최되었다. 문
    선명 총재는 마지막 날인 11월 26일, '세계도덕계도에 있어서의 통일과학의 의무'라는 제목
    으로 기조연설을 했다.

33 이상헌, "두익사상을 향하여", 통일사상연구원, 『통일사상』(가을호, 통권 제38호), 1996, 34
    ~54쪽.

현실을 지향하고 있는 것이다."[34]

두익사상은 말하자면 단순히 좌익과 우익의 대립만을 극복하자는 것이 아니라 모든 정치적·종교적·인종적 대립을 넘어서자는 취지에서 출발한 것임을 알 수 있다. 인종문제를 포함하는 보다 광범위한 인류 문화 전반에서 대립을 극복하자는 내용을 하고 있다.

"공산주의는 인류에게 역사상 최악의 재앙을 가져왔다고 해도 과언이 아닐 것이다. 왜 그러한 사태가 초래되었는가를 알기 위해서는 그 정체가 밝혀지지 않으면 안 된다. 그리고 자본주의사회의 근본적인 문제점까지도 밝혀지지 않으면 안 된다. 그리고 공산주의와 자본주의의 차이점을 극복하고 양자의 장점을 살리는 제3의 길이 제시되지 않으면 안 된다. 그것이 바로 두익사상이 제시하는 공생·공영·공의주의사회이다."[35]

두익사상의 핵심은 구체적으로 공생·공영·공의의 세계를 실현하는 것이다. 경제적 평등을 추구했던 공산사회주

---

34 이상헌, "두익사상을 향하여", 통일사상연구원, 같은 책, 34~35쪽.

35 이상헌, "두익사상을 향하여", 통일사상연구원, 같은 책, 34~35쪽.

의는 투쟁과 빈곤으로 점철되었고, 정치적 자유를 추구했
던 자유자본주의는 부익부 빈익빈과 이기주의, 도덕적 파
탄으로 수많은 문제를 노출했다. 그러한 틈바구니를 비집
고 민족주의가 부상하고 있는데 이를 극복하고, 지구촌 세
계인으로서의 인류를 하나 되게 하기 위해서 두익사상이
대두되었던 셈이다.

"현대세계에 있어서의 인간의 제문제를 근본적으로 해
결하기 위해서 우리들은 기존의 어떠한 주의나 주장을 초
월한, 전체에 대처할 수 있는 절대적 가치, 하나의 원리를
찾아야 한다. 그리고 그러한 원리로서 두익사상또는 하나님주의,
즉 통일사상을 제창하셨던 것이다."[36]

문 총재의 두익사상은 통일사상과 하나님주의의 연장선
상에서 새롭게 주창된 것이었다. 두익사상의 공생·공영·공
의는 인류가 공생하여야 한다는 근본적인 취지아래 경제
적 번영을 선도하고 있는 자유자본주의의 장점을 '공영'으로,
사회정의의 실천을 이상으로 하고 있는 공산사회주의의
장점을 '공의'로 승화시키는 통합작업을 실천적 과제로 우

---

36 이상헌, "두익사상을 향하여", 같은 책, 53쪽.

심정평화
효정평화

리에게 던져주고 있다.

두익사상은 종래의 사상을 끌어안으면서 새로운 모습을 보이긴 했지만 선언에 그치고, 계속적인 후속작업인 철학적 보완작업과 구체적인 사업과 실천의 부족으로 현재 답보상태에 있다. 두익사상이 오늘의 현실과의 부단한 교감 속에서 보다 활성화되는 것이 시대적 과제라 할 수 있다.

두익사상은 2000년대 들어 다시 유엔프로젝트의 일환으로 평화사상으로 구체화된다. 문 총재의 평화사상은 2000년대 유엔갱신운동을 시작하면서 가정연합의 기구를 유엔비정부기구세계평화여성연합, 천주평화연합의 형태로 만들면서 정착되어 갔다. 이 유엔갱신운동은 아직 유엔 사무국이 없는 아시아에 제5의 유엔 사무국을 유치하는 운동으로 계승되고 있다. 한국에 제5 유엔 사무국이 설립되면 분단의 나라, 일촉즉발의 전쟁 위험으로 둘러싸인 한반도에서 북한 핵폭탄을 막는 핵 글러브glove 역할을 할 것으로 기대되고 있다.

만약 제5 유엔 사무국이 한국에 유치된다면 이는 한민족 웅비의 역사라고 하지 않을 수 없다. 유엔 사무국이 있는 남한에 북한이 무력도발을 할 수 없을 뿐만 아니라 주변 강대국인 중국과 일본, 러시아도 거꾸로 거느릴 수 있

는 국가의 인격, 즉 높은 위상의 국격國格을 갖추게 된다.[37]

문 총재는 유엔이 세계 평화 달성에 효과적이지 못하다고 판단하고, 평화유엔아벨유엔을 제창했다. 말하자면 현재의 유엔을 나라를 구성원으로 하는 하원으로 본다면, 세계 종교 대표자들을 구성원으로 하는 상원에 해당하는 종교 유엔을 두자는 발상이다. 제2차 세계대전 후 국제연맹의 뜻을 이어 세계평화와 인류의 발전을 위해 유엔이 설립되었지만 강대국인 안전보장이사회 상임이사국공식적인 핵보유국을 중심으로 운영되고 있기 때문에 이들의 패권경쟁의 장으로 변한 느낌을 준다. 지금의 유엔가인유엔보다 더 평화를 추구하는 평화유엔의 모습을 설계했던 것이다.[38]

문 총재의 유엔프로젝트 사업은 오늘날 비무장지대DMZ 세계평화공원조성과 제5 유엔 사무국 유치 사업 등으로 나타나고 있고, 이를 뒷받침하기 위해 세계평화국회의원연합IAPP: International Association of Parliamentarians for Peace과 세계평화종교인협의회IRAP: Interreligious Association for Peace

---

37 박정진, 『평화는 동방으로부터』, 행복한에너지, 2016, 347~353쪽.

38 박정진, 『평화의 여정으로 본 한국문화』, 행복한에너지, 2016, 343~346쪽.

등이 결성되어 있다. 앞으로 공생·공영·공의의 실천적인 모습이 보다 더 구체적으로 생활문화에 정착되고 세계적으로 확산하는 문화운동, 즉 문화·예술·스포츠로 구체화되는 것이 필요한 시점이다.[39]

문 총재의 통일평화사상은 각 시대마다 이름을 바꾸면서 창조적으로 시대적 요구에 응대한 결과였다고 평가된다. 두익사상과 평화사상 실현은 서로 중첩된 영역이 많다. 평화사상 실현은 말보다는 실천이 앞서야 하며 그렇기 때문에 순탄하지만은 않을 것이다. 왜냐하면 어떤 사상을 문화적·제도적으로 형성하는 데는 오랜 물리적·시간적 노력이 필요하고, 또한 시행착오도 있기 마련이기 때문이다.

문 총재의 통일평화사상은 쉽게 말하면 우주바다하늘바다·천주적天宙的 사유를 하기 때문에 가능한 것으로 보인다. 종래의 수직적인 천지인 사유로는 평면적·정태적인 차원에 머무는데 문 총재의 사유는 입체적·동태적인 모습을 보인다고 말할 수 있다. 우주바다의 사유는 모든 대립을 넘어

---

39 이 내용은 '2017 한반도 평화통일 세계대회'에서 제시되었던 '한반도 평화통일 실천강령'에 수록되어 있다.

서는 사유이면서 동시에 여성적 포용의 사유를 통해 세계를 끌어안는 모습을 보인다. 마치 갓난아이를 끌어안고 젖을 주는 어머니의 모습이라고 하지 않을 수 없다.

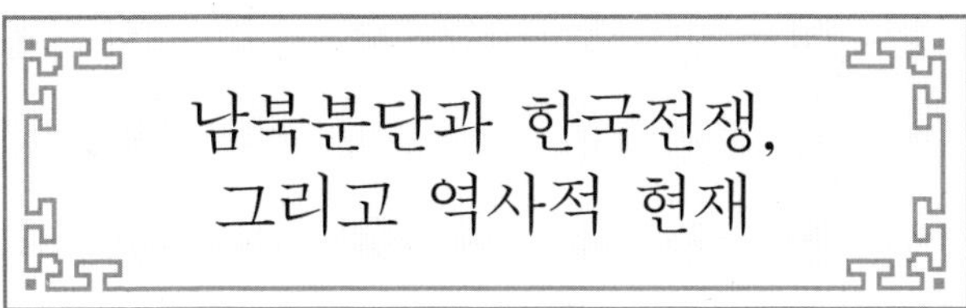

남한한국과 북한은 현재까지 분단 상황을 스스로 해결하지 못하고, 극한적 대립과 체제경쟁을 하고 있다. 한민족의 집단무의식에 도사린 동족상잔의 그림자는 한국전쟁의 상처를 스스로 극복하는 집단지성과 지혜의 발휘를 가로막고 있다고 볼 수 있다.

한국전쟁의 성격을 두고 여러 논의가 있지만, 그 속에는 내전의 성격과 냉전체제의 희생양의 성격, 그리고 당쟁의 성격이 동시에 들어 있다. 한국전쟁의 성격은 분석적으로 보면 서로 별도의 문제인 것 같지만 통합적으로 보면 결국 하나이다. 조선조에서부터 내려온 사대주의와 당쟁의 성격이 내전을 불렀고, 내전은 또한 세계적 양극체제의 영향 하에 있었으며, 그리고 일제식민지 치하에서 체질화된 주체성의 상실이 작용하고 있다고 볼 수 있다.

말하자면 한국인을 지배하고 있는 의식의 심층구조는 사대주의와 식민주의와 마르크스주의의 세 개의 층으로 구성되어 있으며, 이러한 역사적 토양 위에서 자유민주주의자유자본주의를 제대로 구가하는 것은 매우 힘든 상황이다. 크게 보면 남북 분단과 한국전쟁 상황이 아직도 그대로 한민족을 지배하고 있다고 해도 과언이 아니다. 남한의 자유자본주의와 북한의 공산사회주의는 겉으로는 휴전 상태이지만 언제 전쟁이 촉발될지 모르는 위태위태한 상황이다.

소련의 해체와 더불어 동서 양극체제는 무너졌지만 아직도 한반도에는 냉전이 지속되고 있다. 이러한 냉전 지속은 분단 상황이 단순히 냉전체제의 산물이 아님을 웅변하고 있으며, 그 속에 내재된 당쟁성을 발견하게 한다. 또한 일제 청산을 두고 남북이 대립하는 것은 아직도 식민지적 의식에서 탈출하지 못하고 있으며, 한민족이 과거에 매여서 미래를 개척하지 못하고 있음을 드러내기에 충분하다.

이러한 민족적 역량의 한계는 권력·지식 엘리트들의 일

종의 직무유기를 떠올리게 하고 있으며, 분단체제 속에서도 여전히 주체성이 결여된 사대주의가 가동되고 있음을 읽게 하고 있다. 도대체 분단 70년이 넘도록 자유자본주의와 공산사회주의의 대립을 극복하는 스스로의 대안으로서 통일철학을 마련하지 못하고 있다는 것은 그 단적인 증거이다. 사대주의-식민주의-마르크스주의는 한민족이 넘어야 할 의식의 큰 산이다. 중선진국으로 발돋움하였다는 경제협력개발기구OECD 회원국 남한의 경우만 보아도 소득은 늘었지만 기술사대주의·지식사대주의·지식노예 근성은 여전하며, 남의 철학으로 자신의 철학을 대신해도 아무런 반성이 없다.

남북한의 문화적 상황문화능력을 종합적으로 보면, 남한은 현재 모방적 기술국가로서의 한계에 직면하고 있으며, 제4차 산업시대로의 발전을 위한 창조적 과학기술사회를 만들어내지 못하고 있다. 인문학 또한 서양을 모방하는 기술인문학 수준을 벗어나지 못하고 있다. 설상가상으로 북한은 국민 대다수를 빈곤에 몰아넣고 있는 가운데 핵무기 개발로 체제유지에 급급하고 있으며, 왕조전체주의 사회에서 국민 의식은 세계화를 외면하고 있다. 통틀어서 남북한의 이념대립과 남남갈등, 소득격차가 남북한 통일의 커다란 장애가 되고 있다. 이것을 일거에 역전시키는 방법은 없을까.

남북한 모두 현재 역사를 후진시키고 있다고 해도 과언이 아니다. 이러한 상황은 결국 한민족의 문화역량 한계를 새삼 확인케 하고 있다. 오늘날 한반도의 상황 자체가 우리의 적나라한 모습이다. 한반도의 남북통일을 두고 흔히 "남북통일은 세계문제^{세계적 패권경쟁}가 해결되어야 달성되고, 동시에 남북통일이 달성되어야 세계문제가 해결된다."고 하는 이중적인 말을 하는 경우가 많다. 그만큼 남북통일은 딜레마의 문제임을 깨닫게 한다. 이를 달리 표현하면 '세계적인 평화철학'의 탄생이 없이는 남북통일이 달성될 수 없음을 시사하고 있다.

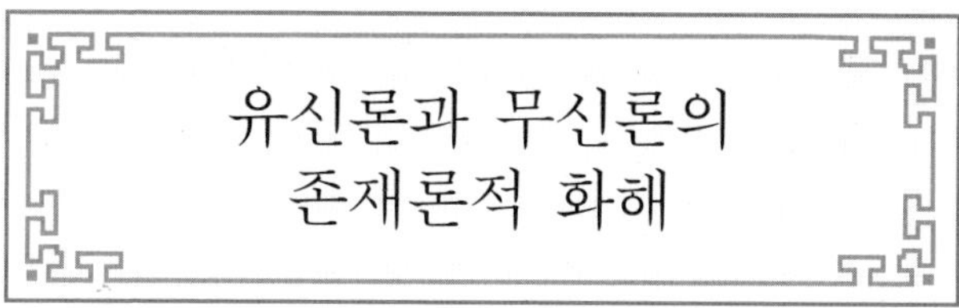

유신론과 무신론의 존재론적 화해

75억 인구가 살고 있는 지구촌은 오늘날 창조론과 진화론, 유신론과 무신론, 유심론과 유물론으로 대립하면서 하나한 가족: One family under God가 되지 못하고 있다. 이들 사상의 대립은 현상학적인 차원에서는 대립하는 둘이지만- 현상학적 대립들은 하나의 대립하는 세트set들에 불과하다- 존재론적 차원에서 보면 하나가 될 수밖에 없다. 만약 이들이 처음부터 둘이었거나 갈라졌다면 세계가 하나가 되는 것은 불가능하였을 것이다.

세계가 하나Oneness에서 출발하였다는 신념은 인간으로

하여금 통일에의 꿈과 희망을 갖게 한다.[40]

반공·승공의 시대와 달리 통일시대를 앞둔 시점에서의 평화사상은 어떻게 구성하는 것이 현명할까. 다시 말해 두 익사상에 날개를 달기 위해서는 상대방을 나의 입장에서 논리적으로 비판하기만 할 것이 아니라 역지사지의 마음으로 정서적·심정적 이해를 통한 공감 영역을 넓혀가는 것이 중요하다. 공감이란 이성적인 소통과는 다른, 감성에 호소하는 방법으로 공감대를 넓혀가면서 하나의 공동체를 이루어가는 힘이다.

이는 앞에서 말한 우주바다하늘바다·천주적 사유를 통해 가능하다. 우주바다의 사유는 남성의 권력적 사유가 아니라 여성의 포용적 사유로서 철학적으로는 '존재론적 사유'라고 할 수 있다. 존재론적 사유는 현상학의 모든 이원대립적 사유를 뛰어넘은 도약을 통해 이루어진다. 존재론적

---

40 통일사상에서는 기존의 유신론과 무신론의 논쟁에 대해 유일론(唯一論) 입장을 표명하고 있다. 이는 유일자인 하나님(原相)의 성상과 형상이 피조세계를 통해 정신과 물질로 전개되었다고 보는 입장이다. 이에 대한 자세한 내용은 다음을 참조하면 된다. 통일사상연구원, 『통일사상 요강-두익사상』, 성화사, "1993, 39〜44쪽.

사유로 넘지 못할 이원대립은 없다. 문 총재의 통일·평화 사상은 남성·여성, 현상학·존재론의 화해와 음양 조화로써 이루어진다고 할 수 있다.[41]

기독교『성경』〈창세기〉에 나오는 가인과 아벨의 이야기, 즉 인류 최초의 살인에 관한 이야기는 갈등과 대립으로 인한 인간의 어두운 측면, 나쁜 측면을 보여준다. 이러한 갈등과 대립, 살인은 오늘날도 계승되면서 마치 피할 수 없는 인간 사회의 숙명처럼 여겨지기도 한다. 크게는 인류의 크고 작은 전쟁도 여기에 포함된다. 그래서 결국 평화를 어떻게 실현할 것인가는 인류의 영원한 숙제이기도 하다.

형제갈등가인−아벨은 오늘날 신학적으로는 유신唯神−무신無神의 갈등, 철학적으로는 유심론唯心論−유물론唯物論의 갈등,

---

41 문선명 총재는 제14차 국제과학통일회의(1985.11.29, 미국 휴스턴 인터콘티넨탈호텔) 기조 강연을 통해 "도약과 계기"를 설파한 적이 있다. "우리는 역사 속에서 많은 도약의 계기가 있었고 현실에 대한 완전부정의 계기와 과정을 통해 초월자이신 신을 접한 사례들을 많이 볼 수 있습니다. 순리적 계기가 도약의 발판이 되는 예는 쉽지 않습니다. 선각자들은 역리적인 계기를 긍정적으로 소화함으로써 도약하여 놀라운 새것을 창출해 냈습니다. 예수님이 십자가상에서 실행한 '원수사랑'은 일반적으로 이해하기 쉽지 않으나, 예수께서 세상으로부터 완전히 부정당하는 절박한 계기를 완전 긍정으로 바꾸면서 도약하시는 신의 섭리를 증거하신 것이며, 그 결과로 부활섭리의 새 장이 열린 것입니다." 문선명, "도약과 계기", 『평화경(平和經)』, 세계평화통일가정연합, 2013, 780쪽.

자유-자본주의와 공산-사회주의의 갈등으로 이어지고 있다. 이들의 대립을 극복하기 위해서는 이러한 의식과 제도의 대립이 어떤 차원에서 발생하고 성립되었는지에 대한 이해와 연구가 필요하다. 단도직입적으로 말하면 이들의 대립이 실은 인간의식의 이원구조에서 비롯되는 것이며, 이러한 이원구조는 역사·사회적인 이원대립으로 드러난다는 점에 주목하여야 한다.

말하자면 유신-무신, 유심-유물 등은 현상학적 이원구조의 세트set로서 양쪽이 동등하게 이분되어 각자 자기동일성정체성을 고집하는 데서 비롯됨을 서로 인정하여야 한다. 이러한 대립을 극복하기 위해서는 새로운 통일이나 융합방안이 필요하다. 예컨대 유신이야말로 무신이고, 무신이야말로 유신임을 상호주관적으로 이해해야 한다. 유신도 신에 대한 어떤 관념이나 개념이 있어야 '신이 있다'라고 말할 수 있고, 무신도 마찬가지로 그러한 것이 있어야 '신이 없다'라고 말할 수 있다.

그렇다면 신은 무엇인가. '본래신本來神'은 무엇인가에 대한 이해가 선결되어야 한다. 본래신을 이해하려면 우선 우리가 말하고 있는 신에 대한 유신-무신의 입장이 매우 현상학적인 입장에서의 논변이라는 데에 동의하여야 한다. 말하자면 어떤 것이 있고-없음은 현상학적인 구분에 지나지 않는 한계를 지니고 있음을 인정해야 한다. 어떤 사람이 신이 있다고 말한다고 해서 신이 있고, 없다고 말한다고 해서 신이 없어지는 것이라면 그 신은 신도 아니라는 말도 할 수 있다. 말하자면 신은 인간의 인식능력 밖이라는 데에 동의하여야 한다. 이 말은 칸트의 '신'과 '물 자체'는 인간의 인식능력 밖의 사태라는 설명에 주목하여야 한다는 뜻이다.[42]

이를 달리 말하면 무신 속에 유신이 있고, 유신 속에 무신이 있을 수 있다는 것과 통한다. 무신론자들의 말 속에서도 실은 자기 나름대로의 신성神性을 느끼게 하는 대목이 있다. 반대로 유신론자들도 말로는 신이 있는 것처럼

----

42 I. 칸트, 『순수이성비판』, 백종현 옮김, 아카넷, 2006; 『통일사상요강』 제9장 인식론 중 537
　　～543쪽 참조.

말하지만 실은 신의 자리에 '돈money신'이 들어가 있음을 목격하게 된다.

유심-유물도 마찬가지이다. 유심과 유물은 헤겔과 마르크스 사이에서 이미 상호 왕래한 바 있다. 오늘의 물질만능-과학기술시대는 유물론을 더 지지하는 경향도 없지 않다. '있음-없음'의 개념은 현상학의 영역이라고 말할 수 있다. 그렇다면 현상학이 아닌 존재론의 영역에서의 화해, 더 정확하게는 존재론의 영역이 현상학의 영역을 감싸주는 형태의 논의가 필요하다. 여기서 존재론이라는 것은 본래우주가, 본래자연이 하나였다는 대전제를 깔고 말하는 것이다.

불교존재론 입장에서 보면 불교는 신을 전제하지 않고 있다는 입장에서 굳이 말하자면 무신론적 입장이라고 말할 수 있다. 그렇다면 무신론도 불교와 같은 자각自覺의 종교로 해석할 여지는 없을까. 불교는 인간이 자각을 추구하는 종교라는 점에서 자력신앙이라고 한다면 기독교는 절대유일신에 의존하기 때문에 타력신앙이라고 말할 수 있다. 세계적 종교인 불교를 무신론의 입장에서 바라보면 무신론을 유신론의 적대세력으로 볼 필요가 없다. 신-인간은 이중적 존재이기 때문이다.

불교는 비록 무신론의 종교이지만 개인이 깨달음에 도달하면 자기구원에 이르게 된다. 이에 비해 기독교는 하나님에 의해 구원을 받지 못하면 지옥으로 떨어진다고 하는 종교이다. 무신론에 대해서도 기독교인들은 좀 더 관대해질 필요가 있다. 문제는 사람이고, 사람에 따라서는 무신론으로도 구원을 받을 수 있는 것이다.

불교는 제행무상, 제법무아, 일체개고, 고집멸도의 종교이다. 불교는 우주에 고정불변의 실체가 없다고 여기는 종교이다. 기독교는 원죄의 사함과 종말구원의 종교이다. 기독교는 서양철학과 마찬가지로 우주에 실체가 있다고 믿는 종교이다. 그런 점에서 기독교는 서양철학 및 과학과 하나이다. 그런데 불교와 기독교는 같은 인도유럽어 문명권에 속한다. 불교와 기독교는 대조적인 위치에 있지만 극과 극은 통한다는 점에서 서로 통할 수 있다.

[불교적 무신론과 기독교 유신론의 비교]

불교적 무신론 (자각론)	기독교 유신론 (절대유일신론)	비고
부처는 진리를 깨달은 인간이다. 부처가 될 수 있는 불성(佛性)은 만물에 있다.	하나님은 우주와 인간과 만물을 만든 창조주이다. 하나님은 전지전능하다.	자력신앙/타력신앙
인간과 자연은 평등한 위치에 있다. 무상정등각(無上正等覺)	인간은 동물 등을 지배할 권리를 신으로부터 부여받았다.	만물평등/인간지배
누구나 깨달으면 부처가 될 수 있다. 깨달음에 도달하면 죽은 뒤에 극락왕생하게 된다.	원죄의 인간은 죄의 사함을 받고 죽은 뒤에 구원을 받아 천국에 들어가야 한다.	극락왕생/천국구원
제행무상, 제법무아, 일체개고, 고집멸도	하나님의 천지창조와 원죄와 종말구원	실체 없음/실체 있음
고정불변의 실체가 없음	고정불변의 실체가 있음	
인도유럽어 문명권에 속함		극과 극은 통한다

　무신론과 유신론의 공감대가 형성될 수 있다. 현상학적 입장에서 보면 무신론과 유신론은 만날 수 없지만 존재론적 입장에서 보면 양자는 얼마든지 화해할 수 있는 길을 만들 수 있다. 무엇보다도 진정한 신은 인간이 무신론 혹은 유신론을 주장한다고 해서 유무가 결정되는 것이 아닌, 초월적이면서도 동시에 일반적인 존재이기 때문이다.

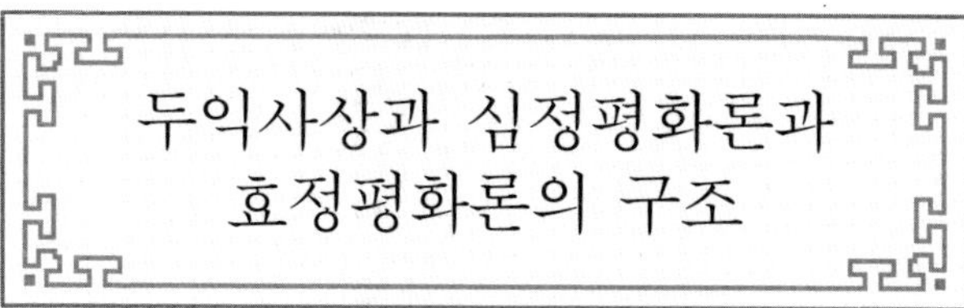

두익사상은 앞에서도 말했듯이 좌우이데올로기 대립을 극복하고 하나님주의를 통해 평화통일에 접근하고자 하는 방식이다. 이런 방식은 일종의 논리적 극복방식으로서 현상학적인 통합_{통일}방식이며, 변증법적인 통합방식이기도 하다. 이에 비해 필자의 심정평화론은 우선 심정존재론을 바탕으로 전개되는 존재론적 평화통일 방식이라고 말할 수 있다. 심정평화론은 심정존재론 및 신체적 존재론과 동심원적 동일선상에 있다.

심정평화론은 구체적으로는 공산사회주의와 자유자본주의의 대립을 논리가 아닌 심정의 방식, 공감의 방식으로 극복하는 것을 말하는데 앞에서 말한 역지사지의 방식이다. 여기에는 참사랑은 물론이고, 남북 당국자나 국민이 마음을 다해서, 즉 성의와 정심을 다해서 평화와 통일에 접근해야 함을 전제로 하고 있다. 심정평화론은 동시에 신체적 존재론을 바탕으로 평화와 통일에 접근하는 것을 내용으로 하고 있다.

신체적 존재론의 구체적인 방식은 우선 문화예술스포츠 교류를 통해 남북의 신체적 교류와 심정적 교류를 통해 평화와 통일의 기반을 조정하는 것을 목표로 하고 있다. 말하자면 비정치이데올로기 분야에서부터 평화를 다져갈 수 있는 효과를 십분 살린다는 것을 의미한다. 이성적·논리적 방식은 기본적으로 배타성을 갖게 되고, 그렇게 되면 통일이나 평화의 달성보다는 각자의 명분과 논리에 매달림으로써 정작 달성해야 하는 목표를 놓치고 쓸데없는 자존심과 명분 싸움에 매몰될 위험이 따른다.

심정평화론은 이러한 폐단을 막기 위해 명분보다는 민족이익과 국가이익, 그리고 단군의 '홍인인간弘益人間 재세이화在世理化'의 뜻에 따라 인간의 이익利益을 우선하고, 그 다음에 문화적 이화理化를 추구할 것을 뜻하는 것이다.

두익사상이 하나님주의Godism를 바탕으로 해서 좌익과 우익을 하나로 통합하는 변증법적인 지양으로써 합리적으로 통일과 평화에 접근하는 것이라면 심정평화론은 신체적 존재론 혹은 심정적 존재론을 바탕으로 그야말로 신체-심정적인 공감으로 통일을 추구하는 것이다. 신체-심정적 공감은 남성성보다는 여성성을 기초로 하고 있다. 다시 말하면 남성적 논리성보다는 여성적 심정성을, 남성적 합리성보다는 여성적 공감성을 바탕으로 하고 있다. 그러나 양자는 음양 관계로서 서로 보완적 관계에 있어야 한다.

모든 존재는 있고 없음, 즉 유무有無로 있는 것이 아니라, 음으로 양으로, 즉 음양陰陽으로 존재하기 때문에 음양의 역동적 조화를 이루는 것이 최선이고 지선至善이다. 평화와 통일의 성취에도 음양조화를 이루어야 함은 물론이다. 인류는 이제 서양철학과 문명의 이분법과 동일성의 감옥으로부터 벗어나야 진정한 평화에 도달할 수 있게 된다. 진정한 평화는 심정평화이다. 심정평화의 알맹이는 효정평화이고, 효정평화는 또한 실천적 과제이기도 하다.

통일사상에는 원리의 하나님과 심정의 하나님이 있다. 양자는 서로 음양상생陰陽相生 · 이기지묘理氣之妙 · 현묘지도

玄妙之道·진공묘유眞空妙有를 달성해야 한다. 통일사상은 초종교초국가사상과 더불어 출발해야 진정한 통일사상이 된다. 통일사상의 이면에는 두익사상이 있고, 두익사상의 이면에는 평화사상이 있고, 평화사상의 이면에는 심정평화사상이 있고, 심정평화사상의 핵심에는 효정평화사상이 있다.

[두익사상과 심정평화론의 구조]

	하나님주의: 원리 －심정의 하나님	
좌익(左翼)	두익(頭翼)사상	우익(右翼)
공의(共義)	공생(共生)	공영(共榮)
공산사회주의 유물론	심정평화론 : 효정평화론	자유자본주의 과학기술문명
심리적 물리학		욕망의 물리학
	한반도 통일	
	세계평화	
	현상학과 존재론의 화해	

  통일교-가정연합의 의미 맥락에서 현상학과 존재론의 화해는 요컨대 통일교가 가정연합으로 개명한 진정한 이유에 대한 절실한 이해가 필요한 것을 비롯해서 혈통론과 심정론, 절대신앙과 신앙절대, 절대사랑과 사랑절대, 절대복종과 복종절대의 상호이해를 필요로 한다. 이는 종합적으로 남성성과 여성성의 상호이해를 의미한다. 또한 인류문명사적_{문화인류학적}으로는 'free-sex'를 극복하기 위해서 'sex-free'의 욕망을 제어하기 위한 방안으로 성리학의 '존천리尊天理 알인욕闕人慾'사상을 우리 시대에 맞게 새롭게 해석할 필요가 있다.

제4장

현상학적 굴레와
신체적 존재론

— 현상학과 존재론의 화해와 융합

현상학을 제대로 알고 나면 인간의 의식에 의해 발생한 이원대립적인 항들은 서로 가역왕래의 성격이 있음을 알게 된다. 요컨대 물질이라는 것은 인간의 정신이 규정하거나 구성한 것이고, 그렇기 때문에 현상학적인 레벨에서는 거꾸로 물질이 정신이 되어도 아무런 문제가 없다. 그래서 마르크스는 헤겔의 유심론을 뒤집어서 유물론을 주장했다. 마찬가지로 현상학적인 레벨에서는 유신론이 무신론이 되고, 유有가 무無가 된다. 유든, 무든 모두 가상실재로서의 현상일 뿐이다.

다시 말하면 현상학적인 레벨에서 유와 무를 구분하는

것은 현상학적인 레벨에서는 의미가 있어도 그것을 벗어나면 일종의 말놀이와 같은 것이 되고, 심지어는 무의미한 것이 된다. 현상학은 쉽게 말하면, 인간이 의미를 부여하면서 사는 존재라는 것을 말하는 철학인데 의미를 부여하면서 살아가는 존재인 인간이 무의미에 이르면 우선 허무虛無주의에 빠지겠지만 실은 그러한 허무는 인간이 가상실재現象를 존재라고 생각한 자업자득일 수밖에 없다. 이렇게 생각하면 허무주의조차 그렇게 심각하게 허무한 것도 아니다.

현상학적 허무의 이면底邊에서 우리는 거대한 자연을 다시 발견하게 된다. 도대체 자연이란 무엇일까. 우리는 현상학으로 인해서 인간을 정신主體이라고 전제하고 자연을 물질肉體, 對象이라고 규정하는 어리석음을 범했는지도 모른다. 우리는 정신과 물질肉體과 다른 신체에 대한 토론을, 시시각각 생멸하고 있는 신체에 대한 관심을 집중하지 않으면 안 된다는 절박함에 도달하게 된다. 과학기술만능시대에 이른 지금, 기계에 저항하기 위해서 신체적 존재에 대한 환기를 새롭게 시작해야 할 필요성을 느끼게 된다.

신체가 없는 것은 모두 가상실재이고 유령이다. 유령의 가장 대표적인 것이 텍스트이고, 문자이다.

"인간의 신체는 육체가 아니고, 자연은 물질이 아니다." 인간의 신체는 정신의 대상으로서의 육체나 물질이 되기 전에 고유성을 지닌 존재이다. 신체는 정신과 육체물질라는 이분법으로 나누어지는 존재가 아니라 자연적 존재이다. 따라서 신체를 정신 혹은 육체물질로 분리하여 말하는 것은 신체적 존재를 왜곡하는 것이다. 신체의 고유성은 고정된 정신과 물질실체의 존재가 아니라 생멸의 존재로서 실존적 의미를 갖는 것이다. 축제는 생멸하는 인간 존재에게 문명화로 인해서 잃어버린 신체와 감정을 만나게 하는 계기가 된다.

축제festival는 신체적 존재론을 바탕으로 인간의 전인성全人性을 회복하는 총체적 예술로서의 의미를 가진다. 축제는 미래의 목표를 위해서 지금을 참는희생하는 것이 아니라 지금을 철저히 즐기는 신체적 존재로서 고유성을 회복하는 장인 것이다. 동시에 시간으로서의 현재도 망각해 버리는 장인 것이다. 축제의 상징과 의례는 신체적 존재로서의 인간에게 자연의 생멸의 과정을 느끼게 하는 통과_{통과의례}와 프로세스_{의례적 과정}의 의미가 있는 것이다.

지금까지 신체는 현상학적으로 다루어져 왔다. 현상학적으로 다루었다는 의미는 신체를 대상으로 혹은 주체-대상의 지평에서 다루었음을 의미한다. 이와 달리 신체를 존재론적으로 다룬다는 것은 신체 그 자체를 있는 그대로 존재로 인정한다는 뜻이다. 신체의 생멸하는 그 자체를 존재로 인정하면서 생멸 그 자체를 즐긴다는 뜻도 된다. 요컨대 분석적인 언어로써 신체를 육체의 부분으로 조각내는 것이 아니라 신체 그 자체를 하나의 전체로서 받아들이면서 신체의 기운생동과 함께한다는 뜻이다.

신체는 놀이와 퍼포먼스를 원한다. 놀이와 퍼포먼스는 '놀이play, game하고자 하는 인간의 마음'에서 비롯된 것이며, 그것이 집단적으로 표출된 것이 축제이다. 축제의 연행演行은 마르크스의 실천praxis과는 다른 점이 많다. 축제적 연행은 비역사적인 것인데 반해 마르크스의 실천은 역사적이다. 연행은 비목적적이거나 자연스럽게 목적을 달성하는 것인데 반해 실천은 매우 의식적이며 목적적이다.

축제적 연행이 원시부족사회 혹은 마을공동체사회 community를 유지하고 긴장과 갈등을 해소하는 데에 주안점을 둔 것이라면 마르크스의 코뮤니즘communism은 계급투쟁을 통해 사회주의혁명을 달성하는 것을 목적으로 두고 있다. 그러나 해석 여하에 따라서는 마르크스의 실천 부분들도 연행적 성격을 내재하고 있다고 볼 수 있다. 이를 거꾸로 말하면 실천은 의식적·의도적 연행이라고 할 수 있다. 마찬가지로 연행은 무의식적·자연적 실천이라고 할 수 있다.

하이데거는 '언어는 존재의 집'이라고 말했지만 필자의 생각에는 "언어는 존재가 아니고, 신체가 존재이다." 신체가 언어를 담고 있지 언어가 신체를 담고 있는 것은 아니다. 이는 존재가 언어를 담고 있지 언어가 존재를 담고 있지 않은 것과 같다. 예술은 신체와 더불어 형상을 만들어 가는 장르로서 신체적 존재론을 솔선수범하는 것이라고 보여진다. 그래서 신체적 행위가 수반되는 예술은 예술행위 그 자체로서 만족되는 경우가 많은 것이다.

신체와 감정이 없이는 예술이 성립될 수 없다. 시詩를 짓는 행위를 비롯한 기타 모든 예술행위 이외에도 스포츠와 축제는 신체적 존재론을 수행하고 실천하는 장르로서 의미를 지닌다고 볼 수 있다. 더욱이 스포츠와 축제가 함께 어우러져 있는 올림픽과 월드컵의 경우 신체적 존재를 회복하고 각성하는 데에 있어서 그 역할은 다른 어떤 경기축제와도 비교할 수 없을 것이다.

과학기술의 발달은 인간의 신체를 기계에 접근시키고 있고, 기계적 부품으로 전락한 '조각난segmented 인간'은 신체의 전체성을 회복하기 위해 크고 작은 축제를 요구하고 있다. 만약 현대인에게 축제가 없다면 모두 정신분열증 환자가 되어버리고 말지도 모를 일이다. 우리의 일상생활에서도 얼마든지 축제적 요소를 발견할 수 있다. 가깝게는 가족이 함께하는 식탁도 축제의 장이 될 수 있고, 선술집이나 칵테일 바도 축제의 장이 될 수 있다. 스포츠 경기장이 축제의 장이 되는 것은 물론이다. 심지어 영화관과 연극극장, 오페라극장, 뮤지컬극장도 축제의 장이 될 수 있다.

현대문명의 입장에서 볼 때 인간의 미래는 자연을 기계의 세계로 환원하거나 기계인간을 만들어 함께 살아가는 존재가 될 가능성이 높다. 인공지능^{기계인간}의 알고리즘은 프로그램이지만, 인간의 알고리즘은 기계인지 모른다. 그러한 점에서 인간의 신체에 대한 새로운 환기, 즉 신체에 대한 현상학적인 연구보다는 신체에 대한 존재론적인 연구가 절실한 편이다. 신체야말로 존재이고, 신체야말로 인간으로 하여금 자연을 회복하고, 자연과 더불어 사는 존재로서의 본성을 기억하게 하는 장이 될 수 있다.

축제는 또한 만물을 평등하게 만드는 기제가 되기도 한다. 만물은 인간과 마찬가지로 나름대로의 신체를 가지고 있다는 점에서 동등하다. 만물이 없는 인간을 생각할 수 없듯이 만물은 인간의 바탕이다. 인간의 신체는 다른 만물의 신체와 다르지 않다. 인간의 신체도 똑같이 생멸하고 있다. 인간이라고 해서 불멸한다거나 불멸해야 하는 것처럼 생각하는 것이야말로, 요컨대 인간이 지혜의 동물이라고 해서 영혼불멸 하는 존재가 될 수 있다고 생각하는 자체가 바로 소유적 존재로서의 인간의 자기착각이며, 자가당착이다.

　모든 존재는 신체적이라는 점에서 동등하다. 이때의 신체라고 하는 개념은 흔히 무생물물질에도 적용되는 신체이다. 만물은 신체적 존재라는 관점을 깔고 있다. 무생물도 고정불변의 것실체으로 존재하는 것이 아니라 생멸하는 존재임에는 틀림없다. 모든 존재는 실료를 가진 존재로서 함께 있는 공동존재이다. 인간의 신체는 기계가 아니고, 과학적 대상으로 존재하는 육체나 물질이 아니다. 신체는 머리를 포함하고 있는 유기체로서, 동시에 무기물을 내장하고 있는 현재적 유기체로서의 과정적 우주, 자족적 우주이다.

　인간의 신체는 생성본래존재의 세계, 기운생멸하는 총체이며, 상징이며 은유이다. 인간의 신체, 신체로서의 세계야말로 무엇보다도 풍부한 상징이고 은유이다. 따라서 신체적 존재론과 신체적 상징론이야말로 일종의 신체적 상황론context=氣이며, 존재 자체에로 들어가는 관문이다. 서양의 후기근대철학이라는 것도 동양의 생성론음양론, 천지인 사상마저 삼켜버리고 변형을 통해 자신의 담론을 권력으로 만들어버리는 또 다른 담론권력에 불과하다.

신체적 존재론을 두고 신체를 육체와 물질로 생각하는 습관 때문에 마르크시즘의 유물론 계열로 생각하기 쉬운 데 전혀 그렇지 않다. 신체적 존재론은 신체를 육체 혹은 물질로 취급하는 유물론과는 달리 신체에 대한 독일의 존재론과 프랑스 현상학을 융합한 신체에 대한 새로운 이론이다. 신체적 존재론에 따르면 정신-물질육체은 같은 현상학적 차원인 반면 신체는 그러한 현상학적인 대상이 아니라 정신-물질의 바탕근거이 되는 불이不二의 존재론이며, 자연적 존재론이다. 말하자면 신체는 인간이 결코 대상으로 할 수 없는 존재적 특징을 가지고 있는 존재이며, 스스로 생멸하고 있는 존재이다.

결국 신체로서 존재하지 않는 것은 모두 가상실재이다. 그렇게 보면 정신도 육체도 가상실재이다. 신체는 자연의 생멸하는 그 자체를 말한다. 그런 의미에서 신체적 존재론은 자연적 존재론이다. 존재의 관념성을 탈피하기 위해서는 신체를 육체물질라고 하는 것부터 벗어나야 한다. 왜냐하면 육체란 정신-물질의 현상학적 세트의 산물이기 때문이다. 사물을 정신이라고 하는 것이나 물질이라고 하는 것은 현상학적 왕래^{이중성}에 불과한 것이다. 따라서 신체적 존재론은 칸트가 남겨둔 '신'이나 '물 자체'의 세계를 현상학이 아닌 존재론적인 차원에서 다시 논의하는 것이라고 할 수 있다.

신체적 존재론의 신체는 마르크시스트의 관점에서 보는 육체가 아니라 신이나 물자체, 만물만신^{萬物萬神}과 심물일체^{心物一體}의 물^物 혹은 물성^{物性}과 같은 것이다. 한국인들은 신체를 '살' 혹은 '살점'이라는 말로 표현한다. 이 말 속에는 신체를 사는 것이 '삶'이라는 뜻이 내포되어 있다. 말하자면 살이 없으면 삶을 살 수 없다. 살은 삶의 가장 구체적인 증거이고 현존적인 존재이다. 살이 없으면 삶이 될 수 없다. 한국인의 살과 필자의 신체는 같은 것이다.

살은 현상학적으로 규정할 수가 없다. 만약 태초가 있다면 태초와 더불어 시작된 존재가 지금까지 이어져 온 것이고, 그런 점에서 살이야말로 유전학적으로도 조상으로부터 계속 이어져 온 것이고, 자연의 상속자이다. 살은 인간이 규정한 정신-육체와는 다른 차원의 개념이다. 살이 '사는^{동사}

것'을 명사화한 한국인의 '삶'은 바로 신체적 존재론의 소산이라고 말할 수 있다. 살을 살고 있는 것이 인간의 삶이다. 다른 만물도 비록 삶의 방식은 다르지만 자신의 살을 살고 있는 존재이다.

인간의 존재론, 만물의 존재론은 신체적 존재론에로 귀결되지 않으면 하나가 될 수 없고, 세계가 하나인 것을 실증하는 유일한 개념이 바로 신체적 존재론이다. 이때의 신체는 정신이 구성하거나 규정한 육체나 물질이 아니라 인간의 사유가 미치지 않은, 인간의 사유 이전의 자연으로서의 신체를 말한다. 인간의 사유와 기억이라는 것은 이미 제2차적인 것이며, 진정한 사건이 아닌 사물이다. 인간은 죽은 사물의 판타지 속에서 살아가는 존재이다. 현상학적인 존재존재자라는 말 자체가 이미 존재론적인 존재사건사태을 사물화하고 기억하고 명사로 박제하는덮어씌우는 유령동일성행위에 지나지 않는다.

서양문명이 신봉하는 언어와 기계는 진정한 존재가 아니다. 서양의 언어학과 자연과학은 그런 점에서 존재와는 거리가 멀다. 존재는 자연의 신체일 따름이다. 만물은 신체로 생성되었고, 지금도 생멸하고 있는 신체이다. 만물의 원자구조는 지금도 끊임없이 움직이고 변하고 있고, 생물의 신체세포는 생멸하고 있다. 이때의 신체는 우리가 이미 '대상으로 바라본 육체나 물질'이 아니라는 점을 명심할 필요가 있다. 세계를 대상_{목적}으로 바라보지 않으면 이미 존재_{현존적 존재, 신체적 존재}를 만나고 있는 것이다. 서양철학은 자신도 모르게 본능적으로 존재를 대상으로 바라보면서 존재_{존재자체}인 자기를 바라보지 못하는 맹점에 빠져들었다.

하이데거의 존재는 신체가 없음으로 인해서 자칫하면 독일적 관념론으로 떨어질 위험을 안고 있고_{Idea의 잔존}, 프랑스의 현상학은 신체를 육체_{물질}로 봄으로써 유물론으로 떨어질 위험을 내재하고 있다. 결국 필자의 신체적 존재론은 이 양자의 위험을 해결하는 일종의 신체적 상징론 혹은 신체의 기운생동론_{기운생멸론}으로서 신체가 바로 존재라는 사실을 알려주는 철학이다. 만물은 신체로서 존재하고 있다.

[신체적 존재론의 변증법적 통합]

하이데거	프랑스 현상학	박정진	변증법적 통합
존재론	신체의 현상학	신체적 존재론	신체가 존재이다 (새로운 齊物論)
관념(Idea)의 잔존	유물론적 (육체적) 성격	신체의 기운생동론	

신체는 물리적·생물학적 존재_{대상적 존재}가 아니라 여러 차원의 의미를 내포하고 있는 상징적 존재이다. 신체는 그런 점에서 기표연쇄記標連鎖의 결정적인 존재가 아니라 의미를 무화시키는 기의증발記意蒸發의 비결정적인 존재라고 말할 수 있다. 인간은 인위적_{유위적}으로 만들어진 존재가 아니라 자연으로부터 주어진 존재_{givenness}, 생성된 존재이다. 신체의 의미는 하나의 맥락에서 결정되는 것이 아니라 비결정적인 의미로서 의미의 집합체_{의미의 다발}이며, 역동적 의미로서의 상징_{음양 상징}이다. 신체적 의미는 완결된 의미로서의 '하나의 텍스트'라기보다는 열려진 의미로서, '하나의 콘텍스트'라고 말할 수 있다. 그런 점에서 신체적 의미는 존재론적 의미이다.

따라서 신체적 만남은 단순한 물리적·생물학적 만남 혹

은 기계적인 만남이 아니라 수많은 의미의 만남으로서 항상 인간이 기획한(계산한) 의미 이상의 의미를 품는다. 이것을 상징적·징후적·은유적 의미라고 말할 수 있다. 더구나 신체적 의미는 의미를 넘어서는, 어떤 결정적인 의미도 무화시키는 '존재 그 자체의 의미'이다. 그러한 점에서 신체와 신체가 만나는(부딪히는) 축제는 '의미 너머의 의미'를 달성하는, 신체적 존재를 회복하는 열린 장이라고 할 수 있다. 인간은 크고 작은 축제를 통해서 존재론적 상호소통과 교감을 달성하는 존재이다.

신체와 신체가 동등하게(주체-객체가 아닌) 만나는 신체적 만남은 일종의 생기를 회복하는 우주적 사건이며 존재사태적 사건이다. 신체는 그 자체가 살(살점)을 사는 삶으로서 기운생동(생멸)하는 존재이며 사건이다. 모든 존재는(흔히 무생물이라고 하는 것조차도) 사건이고, 하나의 등차(等差)도 없는 우주적 사건이다. 모든 사건은 삶이고, 모든 삶은 사건이다. 사건적(사태적) 존재는 자기이고, 결코 타자가 아니다.

필자의 신체적 존재론에 따르면 "자연은 신체이고, 존재이다." 언어는 존재가 아니다. 인간이 지금까지 사물이나 대상으로 취급한 것은 실은 존재 그 자체였고, 남자의 소유의 대상이 되었던 여성이야말로 특히 존재 그 자체였다. 인간남성이 사물대상과 여자의 주체주인가 되었다고 생각한 것은 거꾸로 종속이었다. 인간이 가부장-국가사회의 등장과 더불어 대상종속subject to object을 끊고 주체적인subjective 인간으로 탈바꿈한 것은 주체와 대상의 역전의 의미가 내포되어 있다. 그러한 점에서 인간이 이룩한 문명은 자기도착적 존재로서의 실현이었다고 할 수 있다.

[서양철학과 동양도학의 비교]

서양철학	동양도학	동서철학의 융합
타자의 철학(이분법)	자기의 철학 (齊物論의 세계)	
물리학-과학(세계-내-존재)	음양오행-주역 (자기-내-존재)	타자와 자기의 융합/현상학과 존재론의 화해 신체적 존재론: "자연은 신체이고 존재이다."
언어의 철학(눈의 철학)	신체의 철학(몸의 철학)	
초월적 현상학(주체-대상)	내재적 존재론(몸=세계)	
언어의 실체론(언어=실체)	신체적 존재론(신체=존재)	
가상실재(시각-언어=가상)	자연실재(자연=신체)	
신들의 전쟁(타자와의 전쟁)	신들의 평화(緣起的 존재)	

하이데거는 '언어가 존재의 집'이라고 말했다. 그러나 필자는 거꾸로 '존재가 언어의 집'이라고 말하고 싶다. 존재가 없으면 어떻게 언어가 인간의 대뇌에서 반사적으로 생겨났을까. 인간과 신은 합세하여 존재와 언어의 입장을 뒤집어서 언어를 존재의 주인이 되게 하고, 존재를 노리개(노예)로 삼을 것을 기도(祈禱, 企圖)했다. 그러나 인간도 숨을 쉬고 사는 동물이다. 자연이 먼저 있는 뒤에 언어가 생겨났다. 그런데 인간의 사유는 언어가 자연을 만들었다(사유–존재)고 생각한다. 인간이 말하는 세계는 이미 언어이지 존재 자체가 아니다.

언어를 잘못 쓰면 존재의 집은 고사하고 존재의 감옥이 될 수도 있다. 과학기술문명에 갇힌 인간이야말로 그러한 죄수의 표본이다. 과학기술문명은 언어를 도구적 이성으로 사용하지만, 시는 언어를 신체(형상)로 사용함으로써 상징적 세계로 들어가게 하는 패스포트이다. 신체의 축제와 시의 은유는 기계문명에 저항하는 존재의 마지막 무기이면서 형상(이미지)을 통해 신체적 존재를 빼앗기지 않으려고 대결하는 본능과 같은 것이다.

현상학적인 의미는 결국 의미대상을 지향함으로 인해 동일성을 추구하는 까닭으로 기표연쇄인 자연과학존재자으로 향하고, 신체적 상징과 시적 의미는 상징적 의미지향으로 인해 의미의 다양성다의미으로 열려 있는 의미라고 할 수 있다. 앞에서도 말했듯이 과학이 기표연쇄의 환유라면 존재는 기의증발이라고 말할 수 있다. 존재론적 의미는 고정불변의 의미와 다의미를 넘어서 무의미 혹은 무無, nothingless에 도달하는 것이라고 할 수 있다. 현상학과 존재론의 차이는 무한대無限大와 무無의 차이와 같다. 무한대는 끝없이 영원을 향하여 나아가야 하지만, 무는 바로 존재가 된다.

결국 이상을 '동일성-과학'과 '상징성-시'와 '존재성-무'로 정리하면 신체적 존재론은 존재성에 해당하는 존재론이라고 말할 수 있을 것이다. 신체야말로 존재인 것이다. 이것이 신체적 존재론의 결론이다. 신체적 존재론의 신체는 잡을 수 있는 육체물질가 아니라, 잡을 수 없는 생성생멸하는 신체의 의미라는 점에 유의할 필요가 있다. 자연은 신체적 존재이면서 본래존재이다. 역으로 본래존재는 신체적 존재이다. 신체적 존재론은 인간을 자연으로 되돌려 놓는 철학이다.

신체적 존재론은 존재론과 현상학을 극복한 제3의 철학일 뿐만 아니라 유심론과 유물론, 유신론과 무신론 등 모든 이원대립을 극복하는 제3의 철학이다. 신체적 존재론은 살의 철학이고, 삶의 철학이고, 존재론의 완성이고, 원시반본의 철학이고, 한글로 몸 철학의 시작이다.

[동일성, 상징성, 존재성]

현상학적 존재론	동일성	절대의미/기표연쇄의 환유/자연과학
시적(詩的 상징론	상징성	다의미/열린 의미 /시적 은유
신체적 존재론	존재성	무의미/ 무(無, nothingless)/ 기의증발/본래존재(자연)

신체적 존재론이 정립되기까지의 철학적 여정을 보면, '사유−존재'현상학적 존재론에서 '존재−사유'존재론적 현상학로, 다시 존재−사유에서 '신체−존재'신체적 존재론로 사유의 중

심이동을 했다. 신체적 존재들은 그동안 인간의 철학적 전도에 의해 육체 혹은 물질로 불리어졌지만 신체가 있는 만물이야말로 진정한 존재이다. 따라서 신체적 존재야말로 자연의 진면목, 본래자연이다.

필자의 신체적 존재론은 프랑스 철학자 질 들뢰즈가 말하는 '신체 없는 기관'과 '기관 없는 신체'와는 다른 것이다. 들뢰즈의 주장은 한마디로 현상학적인 접근의 결과인 반면 필자의 신체적 존재론은 존재론의 영역이다. 여기서 존재론의 영역이라고 하는 것은 신체를 육체나 물질로 보지 않고, 생멸生成하는 '존재 그 자체'라고 보는 것이다.

신체 없는 기관은 기계機械를 말하고, 기관 없는 신체는 기운氣運을 말한다. 기계는 기표연쇄의 결과이면서 기호와 연결된다. 기호記號는 의미를 표기하고 고정·결정하는 의미맥락의 기호이지만, 기호氣號는 기氣를 부르고 응답하는 즉 기통氣通하는 의미맥락의 기호이다. 결국 기호記號-기계가 연결되고, 기운-기호氣號가 연결된다.

필자의 신체적 존재론은 후자인 기운—기호의 의미맥락과 연결된다. 우주는 신체적 존재들의 교감체계라고 할 수 있다. 신체적 존재론의 세계는 존재를 대상으로 보거나, 이용이나 수단으로 보지 않는 세계를 말한다. 신체적 존재론의 세계는 만물만신이 동등하게 존재하는 세계이다. "존재는 진리가 아니다." 존재를 진리라고 말하면서 도리어 존재가 훼손되기 시작했다. 다시 말하면 진리가 등장하는 바람에 만물만신이 사라져버렸다.

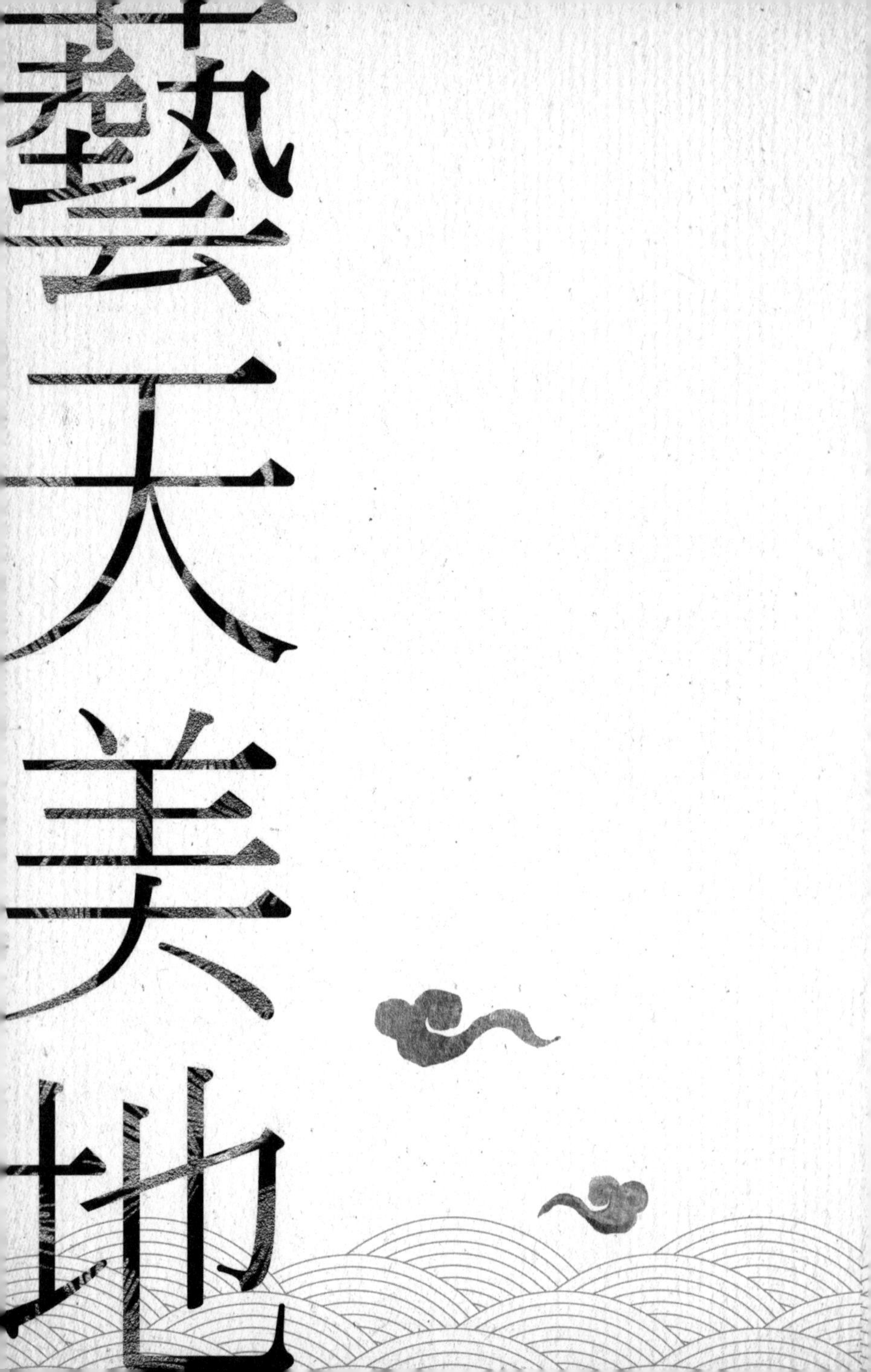
藝
天
美
藝
地

제5장

심정적 인간은
예술적 인간이다

앞에서 필자는 인간을 종교적 인간, 과학적 인간, 예술적 인간으로 나누어보았다. 고대-중세가 신화-종교적 인간의 시대라면, 근대는 철학-과학적 인간의 시대, 후기근대-현대는 과학-예술적 인간의 시대라고 말할 수 있다. 종교와 과학은 서로 상충되는 점이 있다고 하더라도 인간은 두 가지를 모두 겸하여 살아간다.

"인간은 인지부조화의 대가라서, 실험실에서는 이것을 믿고, 법원이나 의회에서는 전혀 다른 것을 믿을 수 있다. 찰스 다윈이 『종의 기원』을 펴낸 날 그리스도교가 사라지지 않았듯이, 과학자들이 '자유의지를 지닌 개인은 없다'는 결론에 이르렀다고 해서 자유주의가 사라지지는 않을 것이다."[43]

그렇지만 종교적 인간과 과학적 인간의 이면에서 양자의 충돌의 파열음과 충격을 최소화하고 양자 간의 소통과 감성적 마사지를 하는 것이 예술적 인간이다. 종교와 과학이 뼈대라면 예술은 피와 살점이다. 예술이야말로 존재의 가장 밑바탕에 있는 본질이다.

앞장에서 보여준 철학인류학, 종교인류학, 예술인류학의 상호관계를 보면 철학인류학-종교인류학은 예술인류학에서 통합될 수 있음을 보여주고 있다. 자기투사적-도구적 존재 및 자기위로적-축복적 존재의 이면에는 보다 깊은 심층심리구조로서 자기기만적-놀이적 존재의 원형이 숨어 있다. 예술의 자기기만과 자기놀이성은 자기투사와 자기도구성, 자기위로와 자기축복성을 동시에 포함하고 있다. 과학과 종교를 예술적 놀이로서 표현하면 과학은 '말놀이'이고, 종교는 '신神놀이'이다.

----

43 유발 하라리, 같은 책, 김명주 옮김, 418~419쪽.

[예술인류학의 통합]

인류학	인간의 특성	예술인류학의 통합
철학인류학: 眞(철학과 과학) 칸트: 순수이성비판	자기투사적– 도구적 존재 (말놀이)	예술인류학(시와 예술): 美 자기기만적– 놀이적 존재 칸트: 판단력 비판
종교인류학: 善(신과 종교) 칸트: 실천이성비판	자기위로적– 축복적 존재 (神놀이)	

과학은 로고스logos와 연결되고, 종교는 미토스mythos와 연결된다. 로고스는 말language에서 파생된 단어다.[44] 로고스는 흔히 머리head, brain의 소산인 것처럼 말하지만, 로고스는 신체로 말하면 귀ear와 관련이 있다. 인간의 뇌는 '듣는 귀'쥐과: 쥐는 어두운 땅굴에서 살기 때문에 빛을 보는 눈보다는 소리를 듣는 귀를 발달시켰다에서부터 발전하여 점차 큰 용량을 갖추게 되는데 '존재의 소리'나 '인간의 말'을 들어서 수집하는 것에서 파생되었다고 볼 수 있다.

---

44 logos는 legein(legen, legere, lesen: 모으다, 수집하다, 수를 세다, 말을 하다, 상술하다) 동사에서 명사화되었다. legein=logos=ratio=reason으로 연결된다.

"로고스, 즉 모아둠이란 그 자신으로부터 앞에 놓여 있는 것을 자신의 놓여 있음 속에서 순수하게 앞에-함께-놓여-있게-함이다. 이렇게 로고스는 순수하게 모아들이며 수집하는 모아둠으로써 현성한다. 로고스는 〔비은폐성 속에 현존하게-하는 존재의〕 시원적인 모음lege〔모으기, 모아놓기〕으로부터 〔발현된 인간존재로서의 터-있음의〕 시원적인 수집거두어 모음의 근원적인 모아들임이다. 로고스란, 수집하는 모음die lesende Lege〔거두어 모으기〕이며 단지 이러한 것일 뿐이다."[45]

결국 인간이 로고스적 존재라고 하는 것은 존재의 소리를 듣는 것과 관련이 있다. 로고스는 인간의 머리와 관련을 맺기 전에 이미 귀와 관련이 있는 것이다. 이것은 젖먹이동물의 진화론과도 일치하는 사실이다.

"우리가 귀를 가지고 있기 때문에, 우리가 듣는 것은 아니다. 〔오히려〕 우리는 듣기 때문에, 귀를 가지고 있으며 신체적으로 귀를 갖출 수 있는 것이다. 죽을(◆) 자들은 하늘의 벼락 소리, 숲의 바람 소리, 샘물이 흐르는 소리, 현

---

45 마르틴 하이데거, 『강연과 논문』, 이기상·신상희·박찬국 옮김, 이학사, 2008, 283쪽.

악기가 울려 퍼지는 소리, 모터가 돌아가는 소리, 그리고 도시의 소음 소리를 듣는데, 이것은 그가 이 모든 것에 이미 어떤 방식으로든 귀속해 있는zugehören 그만큼만 혹은 귀속해 있지 않은 그만큼만 듣는 것이다.”[46]

미토스는 입mouth에서 파생된 단어이다. 입은 신체와 연결된다. 입으로 말을 한다는 행위는 의미를 전달할 뿐만 아니라 일종의 신체적 퍼포먼스에 속한다. 말을 하는 것은 이미 예술에 속한다. 이상에서 볼 때 로고스는 신체적으로 귀와, 미토스는 입과 상관관계가 있는 것이다. 크게 보면 로고스도 미토스에 포함되고, 미토스는 이미 신체적 퍼포먼스로서의 예술이 된다고 말할 수 있다.

말은 하는 것은 입이지만, 말의 소리를 듣는 것은 귀이다. 인간이 음성언어의 시대에는 귀가 중요했다. 문자언어의 시대에 이르러 눈이 더 중요하게 되었다. 문자언어 시대인 문명사회는 존재있음가 눈으로 보는 시각과의 관련 속에서 논의되었으며, 고도로 문명화된 현대사회는 존재의 근원에서 대해서 많은 것을 놓치고 있다고 하지 않을 수 없다.

----

46 마르틴 하이데거, 『강연과 논문』, 281~282쪽.

필자가 일반성의 철학과 함께 소리의 철학포노로지을 주장하는 까닭은 여기에 있다.[47]

소리의 철학은 다분히 눈의 철학과 대결하는 의미에서 붙여진 이름이다. 소리는 '사물의 전체성'을 드러내는 음파파동로서 존재를 가장 포괄적이고, 현재적으로 드러내는 것이다. 사람 목소리의 경우 특히 '사람의 전체'를 드러내는 것으로서, 예컨대 사람의 입에서 나오는 소리는 단순히 입이 내는 소리가 아니라 신체몸가 내는 소리이기 때문에 존재 자체를 드러낸다고 할 수 있다. 한 나라한 사람의 소리나 음악은 그 나라의 문화-예술의 총체를 드러낸다는 점에서 '존재'의 '존재감'을 드러내는 장르이다.

필자는 1980년대 여러 잡지에 '예술인류학'이라는 말을 사용하였고, 결국 1990년에 책으로 묶어 냈다. 이 책은 처음에 『예술인류학 서설 한국문화 심정문화』미래문화사. 1990로 출간되었다가 2판부터 『한국문화와 예술인류학』이라는 표제로 이름을 바꾸었다. 필자의 예술인류학이 한국문화를 토대로 형성된 토착인류학, 자생인류학의 산물인 동

---

47 박정진, 『일반성의 철학과 포노로지』, 소나무, 2014.

시에 '심정과 예술'의 결합을 통해서 만들어졌음은 책의 1
판, 2판의 변화과정을 통해서도 십분 증명되고 이해될 수
있을 것이다. 심정적 인간은 구체적으로 예술적 인간이 되
지 않을 수 없다. 심정적 인간은 여성적 인간이며, 옛 샤먼
shaman, 女巫, 무당 혹은 샤먼 킹shaman-king을 떠올리게 한다.

사람의 예술이 정치라면 사물의 정치가 예술이다. 오늘
로 말하면 예술과 정치와 종교가 복합적으로 있는 미분화
상태의 문화가 샤머니즘이라면 샤머니즘은 인간의 '원형
문화archetype culture'라고 할 수 있다. 그 원형문화의 우두
머리가 샤먼 킹이다. 심정적 인간은 예술적 인간이고, 예
술적 인간은 결국 감성적 인간으로서 감성으로 평화를 달
성하려는 '감성평화론자'이다. 샤먼 킹은 오늘로 보면 감성
평화론자에 가장 가까운 인물이다.

공자가 『논어』에서 삶의 완성을 시詩와 예禮를 거처 "악
에서 완성한다成於樂"라고 한 것과 도덕과 인仁의 완성을
"예술에서 노닌다游於藝"라고 한 이유를 더욱더 알게 된다.
음악樂은 영혼을 치료하는 약藥이라고 한다. '악'자와 '약'자
의 뿌리가 같은 것도 우연이 아니다. 공자는 일찍이 무당
이었던 어머니를 통해 이러한 음악과 의례에 대해서, 그리

고 그것이 사람을 다스린다治, 治癒는 것에. 대해 누구보다도 깊이 깨달을 수 있는 기회를 얻었을 것이다. 인간은 예술을 통해 평화의 존재로, 본래존재로 돌아갈 수 있을 것이다.

무巫는 흔히 무의巫醫라고도 한다. 과학이 감성을 직관의 형식을 빌려 시공간으로 바꾸면서 '계산하는 인간'을 만들었다면, 음악은 감성을 그대로 멜로디를 통해 풀어내게 함으로써 인간을 다시 감성적 존재로 돌려놓는 역할을 한다. 음악은 감성을 멜로디의 음파파동에 자연스럽게 올라타게 함으로써 우주적 파동음악의 세계에 합류하게 하고 그것을 통해서 영혼을 본래존재로 돌아가게 하는 것이다.

음악은 인간의 감성을 우주적 파동의 세계로 인도하는 동시에 수數라는 점에서 로고스와 파토스를 함께 충족시키는 예술이다. 예술의 꽃이 음악이라면 인간은 예술을 통해서 자신의 영혼을 다스리고 동시에 치유함으로써 본래존재, 평화의 존재로 돌아갈 수 있는 행운을 얻게 된다. 오늘날 음악은 명상과도 긴밀한 관련을 맺는다. 악樂과 약藥이라는 용어와 함께 명상meditation과 의약medicine의 용어의 뿌리가 같은 것도 우연이 아니다.

결론적으로 예술적 인간은 자기-내-존재이고, 유동적

전체성의 존재이고, 자기놀이적 존재이고, 예악藝樂을 통한 자기쾌락의 존재이다. 자기놀이적 존재가 되기 위해서는 여가와 여유가 없으면 불가능하다. 따라서 그러한 인간은 일을 놀이로 보거나 놀이처럼 일하거나, 여가를 즐길 수 있는 존재이다. 또한 어떤 체계에 구속되는 것을 싫어하고, 그렇기 때문에 창조적이며, 자신의 지성과 이성과 이론이 경직되는 것을 스스로 막으면서 부단히 중심과 주변을 들락거리는 종류의 인간이다.

예술적 인간은 그래서 마치 중심과 주변이 없는 것처럼 자유분방한 존재이다. 따라서 제도적 인간으로서의 삶을 포기하거나 그러한 종래의 자신을 사망 선고한 '자기장례의 인간'이다. 이러한 인간만이 예술적 인간이 될 수 있는 자격을 갖춘 것이며, 이러한 인간이 도달할 수 있는 지점이 바로 철학적으로 일반성의 철학에 도달한체득한 존재가 될 수 있는 것이다. 예술적 인간은 기운생동하는 세계의 '유동적 전체성'을 감당할 수 있는 '일기一氣의 존재'이다. 예술적 인간은 현대판 무당이다.

과학기술문명, 기계문명의 시대에 이것에 대항할 수 있

는 것은 신체적 존재로서의 인간의 감정, 심정뿐이다. 심정적 존재로서의 인간과 인간이 이루어야 할 '효정평화= 심정평화'의 의미가 새롭게 지구촌 인류에게 각성되고, 이를 통해 인간의 심신心身의 평정을 이룰 때에라야 인간의 진정한 평화가 도래할 수 있을 것이다. 인간이 신이 되고, 천사가 되고, 악마가 되는 것은 인간 스스로의 손에 달렸다.

孝情의 빛 온누리에 희망으로

제6장

지구촌 시대와 효정평화

지구촌의 도전과
평화를 위한 가치

　세계 인구는 현재 75억 명에 육박하고 있다. 이런 많은 인구를 부양하는 데는 농업혁명을 비롯해서 산업혁명과 과학기술의 발전에 힘입은 바 컸으며, 오늘날 4차 산업혁명을 앞두고 있다. 하지만 최근 들어 인간 생존과 공동번영에 대한 어두운 전망의 소리가 자주 들려오고 있다. 그 까닭은 아마도 자연에 대한 자연과학의 폭력성으로 인해 여러 환경문제가 발생하고 있고, 패권 국가들의 약소국에 대한 폭력성과 그것에 대한 저항으로 테러가 지구 곳곳에서 발생하고 있기 때문일 것이다.

심정평화
효정평화

이러한 문제들을 종합적으로 본다면, 가부장–국가사회의 등장 이후 문명사회가 뒷받침한 권력경쟁에 내재한 '동일성의 폭력성'에 기인하는 것이라고 말할 수 있다. 과학기술주의와 종교근본주의는 인류의 미래를 어둡게 하는 사례들이다. 이 밖에도 강대국들의 패권경쟁 틈바구니에서 발생하는 약소국이나 소수자그룹의 테러리즘은 공식적인 권력의 횡포에 따른 비공식적 권력의 저항이다.

전 지구적으로 자본주의와 과학기술주의의 심화는 신God의 자리에 돈money과 기계machine가 대신 들어가게 함으로써 물질만능시대를 열어가고 있다. 종합적으로 이를 두고 물신숭배物神崇拜라고 하지 않을 수 없다. 따라서 신이 설 자리가 없다. 일찍이 이러한 문명의 정황을 예감한 니체는 "신은 죽었다"라고 선언했다. 니체는 인간의 역사를 힘권력의 추구로 보고, 자신의 철학을 '힘에의 의지' 철학으로 명명했다. 그는 서양의 형이상학과 문명이 힘의 상승증대를 위해 걸어온 노정이었음을 만천하에 폭로했다. 인간의 힘은 오늘날 자연과학으로 증명되었고, 전지전능한 힘은 이제 신에게 있는 것이 아니라 초인인간에게 있음을 천

명했다.[48]

기독교의 메시아사상은 기독교의 현상학적 사건으로 받아들여지고 있다. 예수에 의해 실패한 메시아는 재림메시아에 의해 완성될 것이라는 기대와 함께 인류는 종말구원과 평화를 기다리고 있지만 전지전능한 메시아는 오지 않고, 도리어 신과 메시아는 아무런 힘이 없는 존재로 점차 인식되면서 인간 스스로의 평화와 공생에 대한 각성을 요구하고 있다. 따라서 힘이 없는 신과 메시아는 '여성성의 신'과 '여성성의 메시아'일 가능성이 높아졌다.

인간이 당면한 기후환경 문제와 지구적으로 확산되고 있는 테러리즘 문제는 그동안 인류가 운영한 근대문명의 '힘권력=정의'의 공식에 경종을 울리고 있다. 이에 대해 철학자 강학순은 이렇게 종합적으로 진단한다.

"근대는 계몽과 야만의 두 얼굴을 동시에 지닌 야누스적인 면을 지니고 있다. 과학의 발달과 함께 성장한 진보에 대한 낙관론적 전망은 이성의 절대권위를 강화시켜 주었다.

---

48 박정진, 『니체, 동양에서 완성되다』, 소나무, 2015.

진보에 대한 전망은 항상 이성 이외의 다른 어떤 것도, 그
것이 신이든 자연이든 간에 이성에 복종해야 한다고 계몽
한다. 근대에 등장한 이성의 광적인 자기 확신은 타자로서
의 자연 또는 비이성적인 것에 대한 폭력을 스스로 정당화
하는 이데올로기가 되었다. 이로써 그것은 '자연지배에의
의지'를 불가피하게 갖지 않을 수 없게 되었다. 그러므로
근대의 자연에 대한 공격성은 계몽이라는 이름으로 미화
되었고, 그 이면에서는 이성이 스스로 자연을 지배하기 위
한 도구적 이성으로 전락하고 말았다."[49]

그는 이어 "이러한 도구적 이성의 자리에 '독단적 신앙'
을 등극시키는 근본주의도 타자에 대한 광적인 자기 확신
으로 적대적 타자의 악마화와 희생양 만들기를 자행한다.
그리고 정체성을 지키기 위한 '반인권적 차별주의'와 '우
생학적 신인종주의'를 옹호한다. 결국 그것은 '차이에 대
한 불관용'을 기치로 내걸면서 정치와 결탁하여 폭력과 전
쟁을 미화하고 정당화하면서 그것들을 부추기는 야만성을

---

49 강학순, 『근본주의의 유혹과 야만성』, 미다스북스, 2016, 158쪽.

드러낸다."[50]고 말한다.

　이 같은 문명의 폭력적 상황을 가부장-국가사회의 단말마적 상황이라고 말할 수 있다. 힘권력·폭력에 의존하는 남성중심사회는 처음부터 권력적이었고, 끝까지 권력적이다. 이에 비하면 모계사회는 그 반대였을 것으로 추정된다.

[남성중심사회와 여성중심사회의 특성]

남성중심 사회 (가부장- 국가사회)	힘(권력, 폭력)	天	理, 理性	보편성	추상성	실체성
여성중심 사회 (모계- 모성사회)	사랑과 평화 (비권력)	地	氣, 感性	일반성	구체성	실재성

　테러리즘에 대해 프랑스 현대사상가 장 보드리야르는 "마르크스는 이렇게 말했다. '오늘날 한 유령이 유럽을 사로잡고 있는데, 그것은 바로 공산주의다.' 우리는 이렇게 말할 수 있다. '오늘날 한 유령이 세계질서를 사로잡고 있

50　강학순, 같은 책, 158쪽.

는데, 그것은 바로 테러리즘이다"라고 말한다.[51]

노벨경제학상 수상자인 폴 크루그먼도 테러리즘을 공산주의 운동의 위협에 비유한다.

"공산주의는 1950년대의 테러리즘이었지만 적의 실체는 매우 달랐다. 핵무기로 무장한 소련은 이슬람 테러리스트와는 다른 방식으로 미국에 확실한 실존의 위협이 되었다. 그리고 바르샤바조약기구는 '악의 축'과는 달리 실제 존재했다. 그러나 심리적 측면에서 볼 때 1950년대 공산주의의 위협에 대한 반응은 오늘날 익숙하고 이해할 수 있는 것처럼 생각된다."[52]

공산주의운동은 엄연히 소련이라는 종주국이 있었다. 소련은 공산주의 운동을 통해 전후 냉전체제의 한 축이 되었고, 제국주의를 운영하는 기회를 잡았다. 오늘날 테러리즘은 주로 중동의 이슬람 세력에 의해 저질러지고 있지만,

---

51 Jean Baudrillard & Edgar Morin, 『세계의 폭력 La Violence du monde』, 배영달 옮김, 동문선, 2003, 39쪽.

52 Paul Krugman, The Conscience of a Liberal(W. W. Norton & Company, 2007), 106~107쪽: 박완규, 『테러리즘과 글로벌 커뮤니케이션』, 커뮤니케이션북스, 2009, 209쪽 재인용.

소련과 같은 이슬람 제국을 기대하는 것은 불가능해 보인다. 테러단체들이 표방하고 있는 이슬람근본주의와 이슬람 영광의 재현은 힘들 것 같다. 이슬람은 새로운 이데올로기도 아니고, 오래된 전통의 종교일 뿐이다.

이슬람 세력에 의해 주도되는 테러리즘이 냉전시대가 끝난 오늘날 공산주의 운동에 비유되는 이유는 무엇일까. 미국 일간지 워싱턴타임스의 칼럼니스트인 아노 드 보르라브는 이렇게 말한다.

"공산주의가 칼 마르크스로부터 비롯되었다면 알 카에다이즘은 사이드 쿠트브로부터 비롯되었다. 현대 이슬람 극단주의를 육성하고 헤즈볼라에서 알 카에다에 이르기까지 모든 폭력적인 운동을 태동시킨 이념은 1951년 이집트의 저술가 쿠트브가 미국 콜로라도주 그릴리에 있는 노던콜로라도대학교에서 미국 문학을 공부하고 귀국하면서 시작되었다."[53]

쿠트브는 『내가 본 미국』이라는 저서에서 미국 그릴리의 한 교회에서 열린 댄스파티에서 남녀가 부둥켜안고 키

------

53 박완규, 같은 책, 137쪽 재인용.

스하는 모습에 충격을 받고 서구 및 미국 문화를 혐오하게
되고 이슬람 근본주의에 빠져들었다고 소개하고 있었다고
아노 드 보그라브는 설명하고 있다.

"그가 본 세계는 무슬림을 파멸시키는 자본주의자의 탐
욕으로 폭력과 전쟁이 끊이지 않았다. 그 세계는 타락하고
탄압적인 것이었다. 이는 1917년 러시아의 볼셰비키 혁명
을 정당화하기 위해 내세워졌던 구실과 흡사하다."[54]

이 구절의 뜻은 쿠트브가 오사마 빈 라덴에게 미친 영향
은 칼 마르크스가 레닌에게 미친 영향이나 프롤레타리아
독재의 정당화에 미친 영향과 같다는 설명이다.

테러리즘이 공산주의 운동과 유사한 의미와 분위기를
풍기는 것은 서구 패권권력에 대한 도전 때문일 것이다.
또한 국제공산주의 운동도 세계에 흩어진 식민지와 후진
국에서 비정규전게릴라전 형태로 진행되었기 때문이다. 테
러리즘은 마치 도시게릴라전과 흡사하다.

테러리즘은 분명히 해외에 식민지를 건설하던 종래 방
식과 달리 자본주의 경제발전에 따라 노동이민의 수입으

---

54 박완규, 같은 책, 137쪽.

로 인해 서구국가 내에 식민지를 건설하는 인구 및 노동정
책과 내밀한 관련이 있는 것으로 보인다. 같은 자국민이면
서도 노동이민자들에 대한 차별 혹은 인종차별이 존재하
는 것은 테러리즘을 부추기고 있다.

서구자본주의제국 대 공산주의 및 아랍민족주의 세력의
대결은 마치 권력의 남성성 대 여성성의 대결과 같다. 프
롤레타리아 계급이나 민족주의 세력은 모두 권력경쟁에
서 패한 공통점이 있다. 부르주아-국가주의-남성성이 '하
늘天 계열'이라면, 프롤레타리아-민족주의-여성성은 '땅地
계열'에 속한다.

기후환경은 과학의 폭력으로 인해 발생한 환경파괴와
자연재해와 보복을, 테러리즘은 정치적 패권주의에 따른
문명재앙과 보복을 다룬다는 점에서 둘은 서로 다른 것 같
지만 결과적으로 인류의 생존과 행복을 위협한다는 점에
서 공통성을 가지고 있다.

그런데 곰곰이 생각해보면, 두 문제는 단순한 공통성의
차원이 아니라 인류가 문명을 잘못 다룬 결과로 빚어진,
혹은 문명의 발전 과정에서 피할 수 없었던 문제라는 심각
성을 가지고 있다.

기후환경은 지구 전체의 미래적 삶을 염려하는 반면 테러리즘은 지구의 국부적인 충돌을 다룬다는 인상적·표면적 차이에도 불구하고, 어쩌면 둘 다 지구 전체에 확산된 혹은 지구 전체가 안고 있는 정신적·물질적 문화전반을 새롭게 구성할 수 있어야만 그나마 해결의 실마리를 찾을 수 있는 문제라는 생각이 든다.

지구환경문제는 화석연료를 과다하게 사용한 근대의 서구과학기술문명의 부산물이면서 폐단이지만, 테러리즘 또한 과학기술문명을 기초로 한 서구문명의 패권주의와 관련된 정치적·군사적 현상이라는 점에서 문제가 하나의 뿌리에서 출발하고 있음을 엿볼 수 있다.

두 문제의 이면에는 근대의 과학문명이 있다. 말하자면 두 문제는 문제에 있어서 과학문명의 안팎관계, 환경적─정치군사적 안팎문제에 다름 아님을 볼 수 있다.[55]

55　박정진, 『평화의 여정으로 본 한국문화』, 461～487쪽 참조.

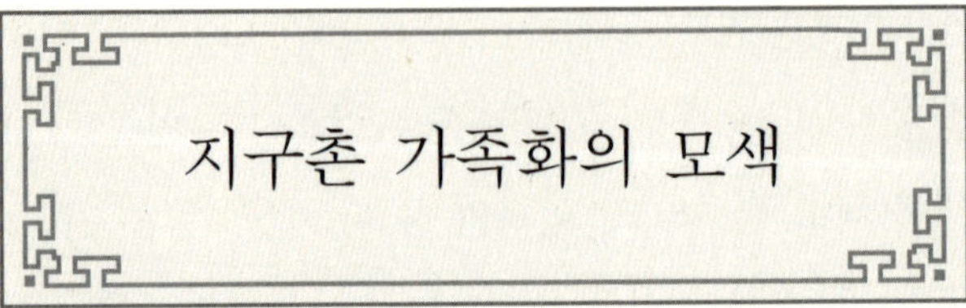

효의 확대과정으로서의 충

서양 근대의 과학문명으로 대변되는 '힘과 권력의 패러다임'을 극복하고 '생명과 평화의 패러다임'을 모색하는 길을 무엇일까. 인류 공동번영을 위한 가치와 삶의 문법은 어떠해야 하는가.

동양에서는 일찍이 효사상에 눈을 떴다. 이는 아마도 유목민족으로서 절대유일신을 섬기는 기독교와 달리 정착농경민으로서 부모를 섬김으로써 삶을 구성해 온 때문으로 보인다. 동양의 생산기반과 국가형성은 효를 바탕으로, 혹은 효의 연장으로서 충의 개념 확립을 통해 국가의 정체성

과 통치이데올로기를 형성한 것으로 보인다. 효도는 절대
성과 동일성을 추구하지 않는 문화권에서 그것을 대신하
는 역할을 한 것으로 보인다.

절대타자이건, 절대주체이건 간에 '절대'라는 것은 기계
적 우주관을 내포하고 있다. 기계적 우주관은 실은『성경』
에서 시작하고 있다고 해도 과언이 아니다. 절대유일신으
로부터 시작하는 서양기독교-과학문명보다는 생물학적인
부모와 자식의 관계로부터 세계를 바라보는 것이 훨씬 인
간적이면서도 생명적 세계에 접근할 수 있는 장점이 있다.
설사 기독교 유일신을 해석하는 데에 있어서도 신의 자리
에 부모, 피조물의 자리에 자식을 넣는 것이 훨씬 가족의
이미지에 알맞다. 이는 기계론적 세계관과 일정한 거리를
유지할 수 있다는 장점도 있다.

효도와 충성을 비교해보면 효도는 국가가 형성되기 이
전에 가족 혹은 씨족사회 안에서 자연스럽게 형성될 수 있
는 삶의 가치이다. 그러한 점에서 충성보다는 인위성이나
강제력이 적은, 거의 본능에 가까운 현상에 속한다. 효와
충은 상호가역관계에 있다. 효도 속에 이미 부모에 대한

충성이 내재해 있고, 나라에 대한 충성 속에는 효도의 연장이라는 의미가 숨어 있다.

효는 인仁과 더불어 유학의 근본사상이다. 효는 또한 인의 실천적 덕목으로서 뿌리사상이라고 말할 수 있다. 그래서 『논어』 등 유학의 경전에는 심심찮게 효에 관한 대화나 구절이 등장한다. 논어의 '학이'편과 '위정'편에는 효에 관한 구절이 많이 등장한다.

『논어』「학이」편에 유자가 말하였다. "사람됨이 효성스럽고 공손하면서도 윗사람을 범하는 것을 좋아하는 자는 드물다. 윗사람을 범하기를 좋아하지 않으면서 난을 일으키기를 좋아하는 자는 없다. 군자는 근본에 힘써야 하고 근본을 세우면 도가 생긴다. 효성과 공손은 인을 행하는 근본일 것이다!"有子曰, "其爲人也孝弟, 而好犯上者, 鮮矣. 不好犯上, 而好作亂者, 未之有也. 君子務本, 本立而道生. 孝弟也者, 其爲仁之本與!"

공자께서 말씀하셨다. "제자들은 집에 들어가서는 효도하고 나와서는 공손하고 말을 삼가고 성실하게 하며 널리 사람들을 사랑하되 인을 친해야 한다. 이것을 행하고 남은 힘여가이 있으면 글을 배우는 데 써야 한다."子曰, "弟子, 入則孝, 出則悌, 謹而信, 汎愛衆, 而親仁. 行有餘力, 則以學文."

공자가 효자의 개념을 가장 구체적으로 설한 구절은 다음 대목이다.

"아버지가 살아 계실 때는 뜻을 받들고 아버지가 돌아가셨을 때는 행동을 따르고 3년 동안 아버지의 가르침을 바꾸지 않는다면 효자라고 할 수 있다."子曰, "父在觀其志, 父沒觀其行, 三年無改於父之道, 可謂孝矣."

말하자면 생전에는 아버지의 뜻을 받들고 사후에는 아버지의 모범을 실천하면서 아버지의 가르침을 바꾸지 않는다면 효자라고 하였다. 이것은 효의 실천궁행을 설한 대목이다. 이 밖에도 논어에는 효와 관련된 구절이 적지 않다.[56]

---

56 『논어』「위정(爲政)」편에서 맹의자가 효에 대해서 묻자 공자께서 말씀하셨다. "어긋남이 없는 것이다." 번지가 말을 몰고 있었는데 공자께서 그에게 말씀하시기를 "맹손이 나에게 효에 대해서 물었다. 내가 대답하기를 '어긋남이 없는 것이다'라고 하였다. 번지가 묻기를 "무엇을 말씀하시는 것입니까"라고 하자 공자께서 말씀하셨다. "살아 계시면 예로써 섬기고 돌아가시면 예로써 장사를 치르고 예로써 제사를 지내는 것이다."(孟懿子問孝. 子曰, "無違." 樊遲御, 子告之曰, "孟孫問孝於我, 我對曰, 無違." 樊遲曰, "何謂也" 子曰, "生事之以禮, 死葬之以禮, 祭之以禮.") 이 구절은 효의 문제를 결국 예(禮)로서 압축하고 있다. 예라는 것은 결국 사람이 어떻게 행동해야 하는가를 말하는 것인데 입신(立身)은 입례(立禮)임을 설한 대목이다. 맹무백이 효에 대해서 묻자 공자께서 말씀하셨다. "부모는(가) 오직 자식의 질병을 근심(하게 하여야)한다."(孟武伯問孝. 子曰, "父母唯其疾之憂.") 자유가 효에 대해서 묻자 공자께서 말씀하셨다. "지금의 효라는 것은 잘 봉양을 하는 것을 말하는데 개와 말도 모두 길러줌은 있으니 공경하지 않으면 무엇이 다를 것인가."(子游問孝. 子曰, "今之孝者, 是謂能養. 至於犬馬, 皆能有養, 不敬, 何以別乎.") 자하가 효에 대해서 묻자 공자께서 말씀하셨다. "얼굴빛은 살피기 어려우니 일이 있으면 제자(자제)가 수고하고, 술과 음식이 있으면 선생(부형)에게 드시게 하는 것, 일찍이 이것을 효라고 하였을 것이다."(子夏問孝. 子曰, "色難. 有事, 弟子服其勞, 有酒食, 先生饌, 曾是以爲孝乎.") 계강자가 묻

효와 관련되는 구절 중 특히 『논어』「학이」편에서 증자가 말한 대목은 가장 종합적이고 포괄적인 효 개념으로서 주목된다. 「학이」편의 흐름상 좀 생뚱맞기는 하지만 효에 대한 개념을 '죽음'인간의 실존적 한계의 순간과 '영원'을 맞이하는 존재방식으로 설명함으로써 현상학과 존재론의 경계적 상황을 설명하고 있다.

증자께서 말씀하였다. "임종初喪을 신중히 모시고 돌아가신 분을 추모祭祀하면 백성의 덕이 두터워진다."曾子曰, "愼終追遠, 民德歸厚矣."

이 구절은 단순히 장례와 제사만을 의미하는 것은 아닌

기를 "백성들이 공경하고 충성하도록 권하면 어떻습니까"라고 하자 공자께서 말씀하셨다. "장엄함으로 공경하고, 효도와 사랑으로 충성하고, 잘하는 자를 세우고 못한 자를 가르치면 권면할 수 있다."(季康子問, "使民敬忠以勸, 如之何" 子曰, "臨之以莊則敬, 孝慈則忠, 擧善而敎不能則勸.") 혹자가 공자에게 말씀하기를 "선생님께서는 어찌하여 정사를 하지 않으십니까"라고 하자 공자께서 말씀하셨다. "서경에 말하기를 '효도할 때는 효도하고, 형제간에는 우애롭게 지내면서 정사를 베푼다'고 하였으니 이것이 정사이다. 어찌 정사를 하는 것만을 정사라 하겠는가."(或謂孔子曰, "子奚不爲政" 子曰, "書云, '孝乎惟孝, 友于兄弟, 施於有政.' 是亦爲政, 奚其爲爲政.") 『논어』「태백(泰伯)」편에서 공자께서 말씀하셨다. 공자는 우임금을 군왕의 모범으로 추켜세웠다. "우임금은 내가 흠잡을 것이 없으셨다. 음식을 간소하게 하면서도 귀신에게도 효를 다하셨고, 의복을 허술하게 하면서도 제복(黻冕)에는 아름다움을 다하셨고 궁실을 낮게 하면서도 치수(溝洫)에 힘을 다하셨다. 우임금은 내 흠잡을 것이 없으셨다."(子曰, "禹, 吾無間然矣. 菲飲食, 而致孝乎鬼神, 惡衣服, 而致美乎黻冕, 卑宮室, 而盡力乎溝洫. 禹, 吾無間然矣.") 『논어』「선진(先進)」편에서 제자 중에서 민자건을 효의 모범으로 추켜세웠다. 공자께서 말씀하셨다. "효자로다. 민자건이여! 사람들은 그의 부모와 형제들의 말에 대해서 흠잡지 못했다."(子曰, "孝哉閔子騫! 人不間於其父母昆弟之言.")

심정평화
효정평화

것 같다. 사람의 죽음의 의미를 신중하게 느끼고, 돌아간 사람의 영원성을 추모한다는 점에서 삶의 실존적 의미를 깨닫게 하는 구절이다. 이 구절은 해석 여하에 따라서 죽음 순간의 의미와 삶의 영원성을 되새기게 하는 구절이다. 죽음과 영원은 현대인의 실존적 주제이지만, 때와 장소를 넘어선 인간 삶의 보편적이고 일반적인 주제였음을 느끼게 한다.

공자의 제자 중에는 공문십철孔門十哲이 있다. 덕행德行에는 안회顔回·민자건閔子騫·염백우冉伯牛·중궁仲弓, 언어에는 재아宰我·자공子貢, 정사政事에는 염유冉有·계로季路, 문학에는 자유子游·자하子夏 등이 포함되었다. 당시 효행은 덕행에 포함됐다.[57] 안회는 일찍 사망했으니, 이 중 민자건·염백우·중궁이 빼어난 효자였다.

인간의 가족관계에서 가장 자연스럽게 형성되는 효사상이 사회적 이데올로기로서 정립될 것이 요구된 것은 아마도 효사상을 통해 국가집단의 정체성을 확립할 시대적 요

----

57 『논어』「선진(先進)」편에서 공자께서 말씀하셨다. "덕행에서는 안연과 민자건, 염백우, 중궁이고 언어에서는 재아와 자공이고 정사에서는 염유와 계로, 문학에서는 자유와 자하였다."("德行, 顔淵閔子騫冉伯牛仲弓. 言語, 宰我子貢. 政事, 冉有季路. 文學, 子游子夏.")

청이 있었기 때문일 것이다. 『효경』은 전국시대에 분열을 극복한 이데올로기로서 주창되었을 가능성이 높다. 『효경』의 「천자장」과 「광양명장」에서는 효가 충으로 확장되는 것을 서로 다르게 말하고 있다.

「천자장」에서 말하는 것은 "자식이 부모를 모시는 애친과 경친이 다른 대상으로 비슷한 방식으로 확장되는 것이다. 즉 애친과 경친이 다른 대상에게 적용될 수 있다는 말이다. 반면, 「광양명장」은 자식이 부모를 모시는 효가 신하가 군주를 모시는 충으로 전이될 수 있다고 말하고 있다. 즉 부모와 자식 사이의 효도가 신하와 군주 사이의 전혀 다른 덕목인 충을 촉진할 수 있다는 것이다. 「천자장」은 같은 덕목孝이 다른 대상으로 확장되는 것이라면 「광양명장」은 다른 덕목孝이 다른 덕목忠에게 영향을 준다는 것이다."[58]

국가시대의 출현과 더불어 효는 충으로 변하고 충효忠孝라는 말은 자연스럽게 정착되어 갔다. 자연발생학적으로 보면 효충孝忠이 되어야 할 것이지만 국가 간의 정복전쟁과 이합집산이 심화됨에 따라 국가에 대한 충성이 더욱 요

---

58 신정근, 『孝, 순간을 넘어 영원을 사는 길』, 도서출판 문사철, 2016, 147쪽.

구되면서 '효충'은 전도되어 '충효'가 되었을 것으로 짐작된다. 효는 사상이나 철학으로서만이 아니라 일종의 의례체계로 발전됨으로써 일반 백성에게 확실하게 인식되었던 것같다. 그 대표적인 용어가 효향孝享이라는 효도제사이다.

『시경詩經』「소아천보小雅天保」에는 다음의 구절이 있다.

"하늘하느님이 세상을 안정시키니 모든 것이 흥성하네. 중략 맛있고 정갈한 음식을 차려서 조상에게 바치려고, 봄·여름·가을·겨울 빠지지 않고 제사를 선공과 선왕에게 드리네."天保定爾 以莫不興 (중략) 吉蠲爲饎 是用孝享 禴祠烝嘗 于公先王.[59]

전통사회에서는 효라는 것은 사상으로서만이 아니라 하나의 의례인 효향으로 정착됨으로써 주기적으로 조상을 마음속에 되새기는 것을 통해 자신의 역사성과 함께 정체성을 확인하는 계기가 되었다. 사회적 동물인 인간은 집단의 크기가 커짐에 따라 민족이나 국가를 만들지 않을 수없었고, 동양의 세계는 효의 확대과정인 효제충신孝弟忠信을 통해 사회적 정체성을 확립하고, 국가를 유지했던 것으로 볼 수 있다.

---

59 신정근, 같은 책, 98쪽.

지금까지 절대유일신 종교는 보편적인 세계종교이고, 조상신을 섬기는 민족종교는 민족적·국가적인 종교로 치부해왔다. 그러나 이러한 구분도 매우 서구편향적인 것임을 알 수 있다. 기독교도 민족종교인 유대교에 그 뿌리를 둔 것일 뿐만 아니라 민족적·국가적인 것과 세계적인 것의 구별이라는 것도 다분히 서구적인 기준에 의한 것이다. 누구의 하늘하느님은 세계적인 것이고, 누구의 하늘은 민족적·국가적인 것인가가 불분명하다. 단적으로 말하면 세계를 지배하는 민족이나 국가의 종교가 보편적인 세계종교가 되었을 뿐이다.

민족종교조상신종교와 세계종교의 통합에도 효사상이 일정 부분 역할을 할 것으로 기대된다. 예컨대 세계종교인 기독교의 '하느님아버지'는 민족종교의 '아버지단군할아버지'와 상응하는 것이고, '성모마리아어머니'는 민족종교의 '어머니마고할미, 삼신할미'에 상응함으로써 결국 세계와 민족 혹은 가족이 하나의 닮은꼴이거나 동심원적인 팽창과 축소의 관계에 있기 때문이다. 하느님에 대한 절대 신앙은 하느님에 대한 절대 효도라고 볼 수 있고, 부모에 대한 효도敬는 부모에 대한 신앙이라고 볼 수 있다.

효사상은 가장 원시반본적原始反本的 · 원시반구적原始反求的 사상이면서 가장 소박한 철학사상이다. 쉽게 말하면 인간의 사회가 군집성이 커지면서 국가와 제국을 이루고 패권경쟁을 하였지만, 그러한 국가사회 이전의 씨족 · 부족사회에서부터 거의 본능적 · 자연발생적으로 발전한 사상이다. 더욱이 부모 자식 간의 인간관계에서 발생하는 '친親'의 개념은 실은 '부-자父-子관계'보다는 '모-자母-子관계'에서 발생한 것이 먼저일 것이다. 말하자면 모자관계의 '친親의 정情'이 부자관계로 전이되면서 가부장-국가사회가 가능했을 것으로 짐작된다.

그러한 점에서 효정이라는 말이 원시반본되는 것은 후기근대사회의 모계사회 · 모성 중심적 사회흐름流行과도 밀접한 관련이 있는 것 같다. 더욱이 인류사회는 제4차 산업화를 앞두고 그 어느 때보다 기계적 환경에 노출되어 있다. 그런데 왜 기계화 · 부품화의 사회에서 가장 그것과 거리가 먼 정이 강조되는 것인가. 그것은 아마도 정을 부활시키는 것이 인간의 심신의 균형을 되찾거나 유지하는 데 도움이 되기 때문일 것이다.

오늘날 한국사회는 산업화와 함께 재래의 제사를 간소

화하거나 아예 없애버리는 경우가 늘어나고 있다. 더욱이 여성의 사회 진출이 늘어나고 여성의 사회적 지위가 올라감에 따라 부계-친족만이 제사를 모시는 유교적 관행에 대해서, 그리고 여성들이 제수만 준비해 주고 정작 제사에는 참여하지 못하는 불공평함에 대해서 반발하는 추세가 늘어나고 있다. 부계든, 모계든, 친가든, 시가든 일종의 공동조상共同祖上, 共同出系, cognitive descent에게는 동등하게 제사를 모시는 새로운 관행과 제도를 마련해야 할 것으로 보인다.

개인-국가시대의 가족해체와 지구촌가족주의

인간은 자신이 소속된 사회집단의 규모를 키워 온 게 사실이다. 가족에서 국가로, 국가에서 다시 지구공동체를 만들어가고 있는데 성공 여부는 아직 미지수이다. 서양이 주도한 근대는 개인개체과 국가의 발전시기였다. 그 사이에 가족과 가정은 크게 주목받지 못했다. 가족보다는 개인, 가족보다는 국가가 사회집단과 구성의 중심을 이루었다.

가족의 핵가족화는 너무나 당연하게 된 지 오래고, 핵가족마저 이제 거의 해체단계에 이르러 가족의 파편화 경향을 보이고 있다. 개인은 가족과 사회의 부품처럼 되었다고 해도 과언이 아닐 정도이다. 이는 모두 과학기술사회에 적응하는 과정에서 불가피하게 파생한 사회현실이다. 따라서 어떤 준거집단에 의해서건 공동체사상의 복원이 절실하다고 하겠다. 원자·수소폭탄 같은 가공할 무기들은 언제라도 인류의 생존에 결정적인 손상을 입힐 수 있는 수준이다. 그래서 인류공멸을 걱정해보지 않은 사람도 드물 것이다.

만약 지구를 공동체라고 생각하고 이를 점진적 과제로 실천만 한다면 지구생물종으로서의 호모사피엔스의 공멸을 막을 수 있거나, 적어도 그것을 지연시킬 수 있을 것이다. 지구촌 시대를 맞아서 인류는 다양한 사상과 문명, 인종과 민족의 경계를 허물고 새로운 윤리적 완성, 도의세계의 구현을 통해 하나가 되지 않으면 안 된다. 이때의 윤리적 완성은 동일성을 강요하는 '남성적 정복—폭력'으로 하나가 되는 것이 아니라 차이성을 인정하는 '여성적 사랑—공감융합'으로 하나가 되어야 한다. 특히 지나친 개인주의로 인해 가족이 점차 해체되어 가고 있는 상황에서 지구촌 가족주의는 새로운 대안으로 떠오르고 있다.

예컨대 지구를 가족화하고, 지구촌이 공동체가 되려면 가부장적 혹은 혈통주의적 국적 제도가 아니라 아이를 직접 낳는 여성이 거주하고 있는 장소를 중심으로 국적을 취득하는 속지주의적 국적 제도가 선행되어야 한다. 남성적 혈통─하늘보다는 여성적 신체-땅을 중심으로 국적을 취득하게 하는 것은 매우 보편적이고, 인류애적인 선결과제로 여겨진다. 예컨대 다문화가정의 경우 국적이나 인종·민족에 상관없이 여성이 어느 나라^땅에서 아이를 낳든 그 나라의 국적을 획득할 수 있도록 하는 '여성-아이^{母-子}' 중심의 속지주의가 세계적으로 보편화되어야 한다.

여성과 신생아의 삶을 중심으로 지구가족이 출발하고, 구성되어야 종래 가부장─국가사회의 패권주의와 각종 사회적 폭력을 막고 가족 중심의 진정한 평화를 이룰 수 있을 것이다. 이것이 바로 신^新모계사회의 모습이다. 신생아는 지구의 어느 곳에서 탄생하더라도 지구가족의 구성원이 되는 셈이다. 여성이 아이를 낳는 행위는 자연적이고 본능적인 행위이면서 동시에 사회와 국가를 세세연연 이어지게 하는 가장 일반적이고도 기초적인 원리이다.

공자의 인仁사상은 흔히 사람 사이人人의 마음心이라고 해석된다. 그런데 근래 출토된 갑골문甲骨文에 따르면 몸 신身자 밑에 사람人이 있는 형상이다. 한자 '身'자는 여자가 임신한 모습인데 여기에 마음 심心자가 붙으면 '임신한 여자의 마음'이 된다. 임신한 여사의 어진사랑하는 마음이 인이다. 임신한 여성이야말로 생명을 사랑하는 마음이 가장 큰 사람으로서 가장 인에 가까워질 수 있는 개연성이 있다.

여성이 아이를 낳는 행위는 철학적으로 말하면 매우 존재론적인 행위이다. 여기서 존재론적이라는 말의 의미는 모든 존재가 평등을 구가하는 만물평등萬物平等의 위치에 있음을 의미한다. 아울러 출산과 인구는 일반성의 철학의 가장 핵심적인 사건이자 바탕이다. 요컨대 사회와 국가가 아무리 발전하더라도 여자가 더 이상 아이를 낳지 않으면, 그 사회와 국가는 100년도 못 가서 문을 닫지 않을 수 없다.

인류사적으로 볼 때, 가부장-국가사회의 출범과 더불어 여성의 재생산 역할은 과소평가되고, 남성의 생산은 과대평가되어 왔다. 오죽하면 여성의 가사노동과 출산행위는 오랫동안 경제학의 생산에도 잡히지 않았을까. 최근 들어 가사노동이 화폐가치로 환산되기도 하지만 아직도 그 액

수는 크지 않다. 더욱이 출산행위는 인구 유지 및 증가와
직결되는 것이고, 아이가 재생산되어야 노동력 충당과 소
비생활이 함께 보장될 것이다. 특히 젊은 노동력의 확보는
물론이고 미래사회의 인재와 구성원을 확보하는 것임에도
불구하고 지금까지 저평가되었다. 이는 모두 남성중심-계
량경제학 탓이다.

최근 인구 감소와 더불어 여성 출산의 가치가 재평가되
기 시작하고 있다. 더구나 여성은 출산의 당사자임에도 불
구하고, 자신의 의사대로 출산을 조절하거나 선택하지도
못했다. 그러나 이제 세상은 180도 달라졌다. 여성이 출산
에 동의하지 않으면 가정과 사회는 아이를 얻을 수 없게
되었다. 출산 여부는 부부가 상의해서 결정할 일이지만,
주도권은 여성어머니에게 있다.

한국의 경우는 더욱 심각하다. 고도경제성장과는 정반
대로 고도저출산이라고 할 만한 지경에 처해 있다. 출산율
은 인구를 유지하기 위한 최소선인 2.1명을 밑돌아 1.3명
아래로 떨어져서 20년간 요지부동이다. 육아 및 교육비가
생활에서 차지하는 비중이 너무 커서 사실 젊은 세대가 아
이를 낳고 싶어도 경제력 때문에 망설이고 있고, 취업여성

들은 육아와 직장생활을 병행하기에 너무 힘겹다. 이를 종합적으로 보면 장수가 고통이 되는 시대를 예감할 수 있게 한다.

저출산과 고령화 사회는 서로 모순관계에 있다. 그렇다면 고령화 사회를 맞아서 노인들과 젊은이들은 어떤 상호관계의 틀을 마련하여야 하는가. 사회라는 것은 어떤 방법과 형태이든 함께 사는 수밖에 없고, 함께 사는 방법 중에서 최선이 아니면 차선의 방법이라도 택해야 하는 것이 현실이다.

고령화 사회와 효정문화

세계적인 출산율 저하와 젊은 인구생산인구의 감소는 미래에 국가의 흥망을 결정지을 것으로 보인다. 인구 감소는 세계적인 대제국의 흥망을 결정했다는 주장도 있다. "영국 역사가 에드워드 기번은 로마제국의 몰락에 인구 감소가 한 요인이라고 분석했는데, 이는 로마제국의 영토였던 트로이의 인구통계를 보면 알 수 있다. 트로이의 기혼자는 전체 인구 100명 중 35명에 불과했다. 그중 자녀를 양육하는 수 역시 17명에 불과했다. 사람들이 출산하지 않으니 인구가 급감하는 것은 자명했다. 그러나 로마제국은 인구가 경제를 번성시키고 영토를 지키는 국력의 원천이라는 것을 잘 알고 있었고, 때문에 역사상 가장 강력한 인구정책을 펼쳤다. 이른바 독신세로, 20세에서 60세의 독신 남성과 20세에서 50세 사이의 독신 여성에게 세금을 물렸다. 이렇게 다소 과격한 장치로 결혼과 출산을 독려했음에도 불구하고 로마제국은 인구 감소를 막을 수 없었고, 종국엔 국가 멸망의 길로 들어설 수밖에 없었다."[60]

공장의 상품 생산보다 인구 생산이 더욱더 세계적 현안으로 떠오른 지 오래다. 이런 출산율 저하현상은 오늘날 구미제국뿐만 아니라 산업화된 아시아에도 일반적인 현상으로 퍼지고 있다. 이는 여성 출산의 가치를 무시하던 소위 발전한 지역의 국가가 호되게 인구 보복을 당하는 것이라고 볼 수 있다. 한국은 그 가운데서도 최악의 상황에 직면해 있다. 출산율 저하와 고령사회의 속도는 세계 최악이기 때문이다.

---

60 전영수, 『한국이 소멸한다―인구 충격에 내몰린 한국 경제의 미래 시나리오』, 비지니스북스, 2018, 5~6쪽.

고령화 사회로 인해서 지금 65세를 갓 넘은 노인층은 '청년노인'이나 '노인새댁'으로 불리기도 하며, 어떤 경로당에서는 80세 이상만 출입이 허용되는 곳도 있다. 결혼식장이 아예 장례식장으로 업종을 변경하는 곳도 늘어나고 있고, 시골의 웬만한 병원은 요양병원으로 성격을 바꾸는 경우도 허다하다. 고령화 사회에 대한 정부의 대처는 문제가 불거지는 곳만 부분적으로, 대증요법식으로 접근해서는 나중에 한꺼번에 밀어닥치는 사회문제로 인해 사회 붕괴현상에 직면할지도 모를 일이다.

여러 사회문제 중에서도 특히 노인어른과 젊은이청장년·어린이, 구세대와 신세대 간의 인간관계를 어떻게 정립할 것인가는 더욱 문제이다. 고령화 사회 혹은 고령사회로 접어든 현대사회는 인구비로 볼 때 전통적인 효사상을 새롭게 발굴하고 의미부여할 시대적 상황에 처해 있다. 만약에 효사상이 없다면 사회구성원들 간에는 자연히 분열과 반목이 늘어날 것이고, 세대 간의 장벽과 불협화음이 빈번할 수밖에 없을 것이다.

쉽게 말하면 부모세대와 자식세대의 새로운 인간관계의 모델로서 예禮의 정립이 절실하다. 요컨대 문화체계로서의 효,

효정문화가 새롭게 정립되어야 다른 문화요소와 더불어 유기적으로 작용하면서 효사상을 새롭게 부흥할 수 있다. 결국 효정문화는 문화의 한 요소로서 주장될 것이 아니라, 문화전체culture complex의 긴밀한 상관관계 속에서 새롭게 정립될 필요가 있다. 그러기 위해서는 신·구세대가 역지사지하는 마음으로 서로 다가가야 한다. '예'라는 것은 상호 인정이 절대적으로 필요한 문화체계이다.

전통적인 수직적-위계적 인간관계는 근대화와 더불어 무너진 지 오래다. 지금은 신·구세대가 이미 그것을 알아차리고 나름대로 적응해가면서 살고 있다. 고부姑婦콤플렉스 사회인 한국에서 '며느리 시집 산다'는 말은 이미 예사로운 말이다. 그렇지만 예의 종합적인 기준을 마련하는 것이 국가가 해야 할 일 중에서 가장 중요한 일이다. 오늘날은 수평적-공감적 인간관계의 접점으로서 현대판 효정가례孝情家禮와 같은 것이 마련되는 것이 급선무이다.

부모와 자식의 관계는 다른 어떤 관계보다도 신체적 존재로서의 자손을 생산하는 관계라는 데에 주목할 필요가 있다. 또 그러한 관계를 바탕으로 성립된 윤리가 바로 효라는 것은 효사상의 중대성이 점차 증폭될 것임을 예상할 수 있다. 언젠가는 인간을 생산하는 공장도 들어설 수 있을지 모르지만, 현재로서는 인구를 확보하는 길은 가족관계밖에 없다. 가족관계의 중요성과 효사상이 새롭게 정립되어야 하는 이유가 여기에 있다.

너무나 평범하고 당연하게 여겨졌던 후손을 낳는 일이 작금에는 가장 특별한 일이 되었고, 당연지사가 아니라 선택사항이 되었다는 데에 인간의 위기가 있다. 과학기술의 발달과 더불어 신체적 재생산의 의미가 줄어드는 것 같지만, 도리어 과학과 의학이 발달할수록 반비례적으로 가족과 인구생산이 더 긴급한 가치로 무게를 더하고 있는 현실이다.

신체는 모든 존재의 일반성이고, 인구는 신체적 존재의 표상이다. 여성의 재생산출산 가치는 남성의 공장생산 가치에 비해 보다 자연적이고 일반적인 것이다. 이는 신체적 존재로서의 인간 가치를 수호하는 최전선에 있는 것으로 볼 수 있다. 여성의 가치는 일반성에 있으며, 생성적인 우주관과 연결된다. 남성의 가치는 보편성에 있으며, 존재적인 우주관과 연결된다. 일반성은 생성본래존재이며, 보편성은 존재존재자임을 여성과 출산의 문제를 통해서 새삼 확인하게 된다.

"인간은 신의 기계인가, 기계의 신인가?" 인간의 알고리즘은 기계이고, 기계의 알고리즘은 인간인지도 모른다. 앞으로 인간의 기계문명은 인간을 기계장치공장에서 생산하는 것은 물론이고, 거의 인간 같은인간보다 더 인간적인 기계인간인공지능을 생산할지도 모른다. 그렇게 되면 여자의 신체적 재생산의 가치라는 것은 평가절하 될지도 모른다. 물론 신체적 재생산의 희소성으로 인해 그 반대도 가능할 것이다. 이렇게 보면 효정의 가치는 신체적 존재론과도 직결되는 문제이다.

근대철학과 과학기술문명이라는 것이 처음부터 남성과 기계의 편이었는지 모른다. 여성의 '생성의 편'이 아니라 남성의 '존재존재자의 편'이었음을 오늘에 와서 깨닫게 된다. 효정은 철학으로서만이 아니라 하나의 문화문화체계로 자리매김하여야 한다. 그러기 위해서는 최소한의 기본적인 행동지침이나 행동요령, 그리고 종합적인 '예의 체계'로서 수립되어야 한다.

새로운 시대는 새로운 정신을 필요로 하고, 새로운 정신은 그 시대를 하나의 개념으로 파악할 수 있는 철학자나 사상가에 의해 정초된다. 효는 동아시아 한자문화권 공통의 가치라고 할 수 있다. 정확하게 말하면 서양에는 효라는 개념이 없다. 그래서 효를 '혈연적 동정filial piety'이라고 번역한다. 한국과 중국과 일본은 강약의 차이는 있지만 모두 효와 충의 가치를 공유하고 있다.

동아시아 3국 중에서 가장 효를 중시하는 나라는 물론 한국이다. 일본은 충에 더 비중을 두고 있고, 중국은 충효의 비중이 비슷한 것 같다. 그런데 한국은 효를 중시하는 동시에 정도 중요하게 간직하고 있다. 한국을 객관적으로 바라보는 시각 중에서 '정의 나라'라는 말은 매우 인상적이면서도 요체에 가깝다고 말할 수 있다.

'효정孝情'이라는 말이 한국에서 탄생한 것은 아무래도 심상치 않다. 동아시아 3국의 보편성과 한국문화의 특수성이 동시에 포괄된 개념이기 때문이다. 문화인류학의 비교문화론으로 보면 한국은 근대서양에서 확립된 '법과 정의 나라'라기보다는 '정의 나라'이고, 문화를 이끌어가는 근본적인 힘을 철학보다는 종교에서 찾는 '종교의 나라'이다.

효정이라는 말은 효孝와 심정心情의 복합어이다. 이 말은 무엇보다도 심정을 바탕으로 해야 효정이 성립함을 전제하고 있다. 그리고 효정이 하늘에 닿을 정도로 확대되는 것이 효천孝天이다. 효천이라는 개념은 통일교-가정연합의 이상세계인 천일국天一國에서의 효충孝忠의 의미를 담고 있다.[61] 효천이라는 개념은 효충의 개념을 담고 있을 뿐만 아니라 가정-세계, 민족-세계를 하나로 연결함으로써 민족종교와 세계종교를 통합하는 의미마저 지니고 있다. 이는 핏줄로 내려오는 조상신과 보편적인 하느님의 통합을 통해 새로운 시대의 전개를 예언하고 있다. 새로운 시대라는 것은 일종의 문명의 원시반본原始反本과 같은 추세를 말한다.

효정사상에는 무엇보다도 앞서 거론한 의미와 함께 원시반본 및 원시반구原始反求의 의미가 곁들여 있다고 말할 수 있다. 예로부터 동양은 수신修身이나 수도修道를 강조해

---

61 통일교-가정연합에서는 「가정맹세」에서 효자(가정에서), 충신(국가에서), 성인(세계에서), 성자(천주에서)가 되자고 맹세한다.

왔다. 수신이나 수도는 언어의 체계에 의해 완성되는 것이 아니라, 신체적 체득이나 온몸의 깨달음을 통해 완성되는 것이었다. 따라서 사물을 이용이나 도구로 이해하는 태도로서는 도道에 이르지 못했다고 할 수 있다. 그런 점에서 동양의 사상이나 철학은 근본적으로 앎의 체계가 아니라 삶의 체계였다. 삶에는 반드시 신체가 결부되기 마련이다. 신체가 없는 삶은 삶이 아니고, 수행과 실천이 없는 철학은 철학이 아니다.

효정사상은 오늘의 현대인으로 하여금 반구제기신反求諸其身: 문제의 원인을 자신에게서 돌이켜 찾는다을 하도록 유도한다. 반구, 즉 '돌이켜 찾는다'는 것은 원시반본의 의미로 통하는 중간 지점에 있기 때문에 인간의 신체에 내재하고 있는 존재론적 의미를 탐색할 가능성이 높아진다고 볼 수 있다. 심정은 신체를 떠나서는 생각할 수 없고, 효정도 심정을 타고 있기 때문에 일종의 기발이승氣發理乘의 의미마저 있다. 심즉기心卽氣이고, 효는 그것에 편승하고 있는 이理, 혹은 이치理致인 셈이다.

반구성은 '만물개비어아萬物皆備於我'『맹자』「진심」상, "만물이 모두 나에게 갖추어져 있다" 또는 만물여아위일萬物與我爲一

『장자』「제물론」, "만물이 나와 더불어 하나이다" 등의 의미와 통하는 것이다. 반구성은 명석 판명한 해답을 구하기보다는 자신에게 끝없이 되물어보는 태도라고 할 수 있다. 효자치고 '나는 효자다'라고 공언하는 사람은 없다. 효정은 그러한 점에서 끝없이 자신에게 되물어보게 함으로써 영원에 이르게 하는 힘이 있다. 공자는 "아침에 도를 얻으면 저녁에 죽어도 좋다"朝聞道 夕死可矣라고 하였다. 이것은 순간에서 영원을 얻는 깨달음의 대표적인 구절이다. 효정과 효천이 그러한 도가 되지 말라는 법은 없다.

동아시아의 현철賢哲들이 계속해서 효에 대해 물어보는 까닭은 존재의 물음에 대한 해답을 얻기 위한 것이기도 하지만, 세계와 나의 존재의 근본에 대한 자문자답으로 산출된 덕목이었다고 볼 수 있다. 이러한 효에 대한 태도는 일종의 수련-수도의 과정으로서 비록 사물을 도구기계로 활용하는 데는 미진하였지만, 세계와 하나가 되는 도락道樂. 悅樂을 맛볼 수 있는 길로 들어설 수 있는 장점이 있다.

효사상은 서구철학과 문명의 이성방법이나 존재의미에 대한 물음 이상으로 동양적 도학의 정신을 말해주는 것으로서 존재의 근본에 신체적 수행으로 접근하는 '새로운 윤리'

로서 등장하는 것은 물론이고, 서구 주도 현대문명의 여러 문명병들을 치유할 수 있는 사상으로 새롭게 각광받기에 충분하다.

미래는 여성시대이다. 오늘날 철학무용론이나 철학의 종언이 심심찮게 대두되는 것도 기존의 동서철학에 내재해 있는 가부장-남성주의의 폐단과 무관하지 않다. 철학은 본능을 싫어한다. 흔히 사람들은 본능이 닫혀 있는 것처럼 생각하는데 실은 본능이야말로 자연으로 열린 것이다. 인간의 생각이야말로 자신에게 닫혀 있는 것이다. 본능은 자연이며, 자연이야말로 존재이다. 인간은 스스로를 자유로운 동물存在이라고 생각한다. 그런데 실은 인간은 전혀 자유롭지 않다. 인간은 인간 스스로 만든 문화라는 틀에 갇혀 있다. 문화라는 것은 정체성이자 일종의 동일성이다. 그래서 항상 시대에 맞게 새롭게 재구성되고, 일신日新-신민新民되지 않으면 안 되는 것이 문화의 운명이다.

과학기술문명이 고도로 발달한 현대는 무엇보다도 인간의 문화가 평화-인류애에 도달하지 않으면 안 되는 절체절명의 순간에 와 있다. 이제 인간은 자신의 문화체계·문화장벽을 넘어서 평화를 본능적으로 찾아야 한다. 다시 말하면 각자의 문화체계_{감옥}에서 벗어나서 다른 문화를 이해하고 함께 공감·공생할 수 있는 '평화의 마음', '평화의 본능'을 되찾아야 한다. 평화가 육화되어 체질이 되어야 한다. 동물들은 인간이 생각하는 것처럼 생존경쟁으로 처절한 투쟁을 하지 않는다. 도리어 인간이 처절한 투쟁_{권력경쟁}을 하고 있다. 동물들은 생존을 위한 경쟁 이외에는 대체로 평화롭게 살고 있다. 인간은 어떤 점에서는 동물을 닮아야 한다.

오늘날 훌륭한 철학자들은 자신이 세계_{자연=존재}로 열려 있다고 생각한다. 그러나 실은 그 철학자들은 자신이 어딘가에 갇혀_{문화체계 안에} 있기 때문에 열려 있다고 생각하는 것인지도 모른다. 그들이 열려 있다고 생각하는 것은 자신의 창문으로 자연을 바라보기 때문이다. 그들은 스스로 닫혀 있기 때문에 열려 있음을 아는 것이다. 이것이 인간 현존재의 한계_{한계상황}이자 실존이다. 무엇을 '생각하는 것' 혹은 '아는 것'은 이미 '그것_{존재} 자체'가 아니다. 정작 자연은 스스로 열려 있다고 생각하지 않는다. 자연은 '그냥_{스스로,} _{저절로}' 있을 뿐이다.

인간은 아직도 자연을 오해하고 있다. 자연과학을 자연

이라고 생각하고 있는 것이 그 대표적인 사례이다. 이는 생각사유의 존재자연에 대한 배반이다. 그래서 철학을 넘어서는 철학이 필요한 것이다. 이것이 바로 효사상이다. 효사상은 위대한 그 무엇을 찾는 것도 아니고, 자신을 낳아준 부모를 사랑하는 것이다. 부모를 사랑하는 것은 모든 사랑의 출발점이고, 모든 예의의 출발점이다.

인간의 이성과 욕망은 무한대를 추구하면서 자연에 대한 소유권을 계속 주장하고 있다. 인간의 권력경쟁은 그만큼 전쟁 위협으로 발전할 가능성이 높다. 그러나 자연은 생존에 필요한 것 이상을 가지지 않는다. 그래서 도리어 인간은 자연에서 평화를 배워야 한다. 효사상이야말로 인륜의 핵심이자 바탕으로서 가장 자연스럽기 때문에 '평화로 가는 지름길'이다.

몸을 서로 나누는공유하는 부모—자식 간의 유대만큼 자연스럽고, 이타적이고, 평화스러운 인간관계가 어디에 있을까. 그런 점에서 효를 무시하는 어떤 사상이나 이데올로기도 거짓이나 허위, 맹점이 있을 수밖에 없다. 거꾸로 말하면 효도하지 않는 나에게는 반드시 어떤 결함이나 문제가 있음을 인정하지 않으면 안 된다. 효도하지 않는 사람이

하늘^{하나님}의 마음에 도달하는 효천에 이르는 것은 연목구
어에 불과하다.

효정·효천의 가치는 인류의 미래적 개념이 될 확률이
높다. 먼 후일 인류는 효정의 가치로써 기계적 환경에 대
처하면서 심신의 균형을 잡고 인간성을 유지할지도 모른다.
효라는 것도 부모 자식 간 '공감의 철학'에서 발생한 도덕
이다. 이것은 이성의 도덕과는 다르다. 부모 자식 간의 원
초적인 인간관계에서 우러나는 효와 육친의 정이라는 것
이 원시반본의 지구촌의 가장 보편적인 도의가 될 가능성
이 높다.

앞으로 가속화될 기계·로봇의 시대에
심정과 효정의 사상으로 가정연합·윤리의
세계 이루고 행복과 긍정의 에너지가
팡팡팡 샘솟기를 기원합니다!

권선복
도서출판 행복에너지 대표이사
한국정책학회 운영이사

오늘날 기계 문명의 시대는 가파르게 오르막길을 오르고 있습니다. 어쩌면 그곳이 절벽일지도 모르나, 알파고의 시대, 자율주행의 시대, 공유경제의 시대, 로봇과 인공지능의 시대로 가파르게 달음질치고 있습니다. 새로운 브랜드로 전기차가 떠오르며 모두 스마트폰을 지니고 원격으로 집안의 물건을 다뤄 기계를 통한 소통, 왕래, 대면이 자연스러운 현재에 있습니다. 인공지능은 어쩌면 우리의 '미래 친구'의 한 형태인 것 같기도 합니다.

　인간보다 기계와 더 가까운 현재의 인류에 필요한 사상으로 본 책 『심정평화 효정평화』는 '효 사상'을 얘기합니다. 그 효 사상의 바탕으로는 한국인의 '정', 심정을 듭니다. 세계는 국가 단위로 갈라지고 국가는 지역 단위로 갈라지며 지역은 계층과 이익으로, 또 가족 안에서도 세대와 가치관의 차이로 갈라지며 반목이 일어나는 현재입니다. 이러한 인류를 구원하는 것은 '효 사상'이며 효 사상으로 먼저 가족을 복원하는 것이 나아가 국가를, 세계를 구원하고 하나의 커다란 가족, 가족연합을 형성한다는 것입니다. 그리고 그 효 사상의 바탕인 심정과 정서, 공감의 원천으로 여성성을 말하고 있습니다. 이는 폭력과 지배의 남성성에 대별되는 모성과 포용적인 형태에서의 여성적 정감, 심정을 이 시대에 강조하고 있는 것입니다. 앞으로의 시대, 미래에 필요한 것으로 여성성을 점찍고 그 여성성의 필요와 요체에 대해 사상적인 정리와 개진을 합니다. 즉 가족, 씨족사회에서부터 형성된 효 사상은 여성의 모성과 육아에서 자연스럽게 생육, 발전되어 오늘날에 이르렀고 이러한 자연스러운 정감, 공감의 인간성은 로봇과 대비되어 우위에 있는 우리 인간의 강점이며 인간을 하나로 끈끈하게 묶어 줄 동아줄이라는 것입니다.

가장 자연스럽고 근원적이며 교조적이 아니며 발생적인 사상이 곧 효 사상이고 우리가 세울 하나의 사상이라고 말합니다. 저자는 인간의 해체와 파괴, 물질주의, 이기주의에 맞서 인류를 구원하고 복원하고 회복시키는 사상에 대해 고민하였고 시대의 이정표를 세우기 위해 현재의 정념과 사상을 구했습니다. 본 서『심정평화 효정평화』가 그 연구의 중심을 밝히는 큰 기둥인 바 앞으로의 세대에 등불이 될 것입니다. 이 책이 모든 분들의 마음속에 두루두루 등불로서 밝혀지고 바로미터가 되기를 바라고 또한 독자분들의 마음속에 행복 에너지가 팡팡팡 샘솟기를 기원드리겠습니다.

메시아는 더 이상 오지 않는다

박정진 지음 | 값 25,000원

이 책에는 성화식 및 기원절과 관련된 글과 함께 통일교의 미래를 전망하고, 저자의 소망을 담은 통일교의 정향과 관련되는 글이 담겨 있다. 그리고 한민족의 최고경전인 천부경과 음부경을 비롯하여 동양사상과 관련되는 글들이 저자의 오랜 연구와 열정을 통해 빛을 발한다. 결과적으로 이 책은 통일교에 대한 주체적인 이해, 자문화적인 이해와 함께 후천개벽시대, 새로운 인류문명의 시대에 대한 대중적 이해를 촉구하며 도울 것이다.

평화는 동방으로부터

박정진 지음 | 값 25,000원

이 책은 '진정한 차이의 철학'인 동양의 천지인사상과 음양사상을 현대적으로 새롭게 해석함으로써 서양철학자들과 소통하는 가운데 인류의 미래철학으로서 발돋움시키는 데 주력하고 있다. 서양이 '근본적으로 평화의 삶을 추구하는 동양의 무위자연(無爲自然)의 도(道)와 불교의 무(無)와 공(空)의 삶으로 진정으로 돌아와야 함'을 심도 있는 연구를 통해 강조한다.

평화의 여정으로 본 한국문화

박정진 지음 | 값 25,000원

이 책은 절대유일신을 믿는 기독교와 우주를 항해하고 있는 우주물리학의 자연과학과 세계를 금융자본주의로 통일하고 있는 서양의 문화·문명으로는 결코 인류가 평화를 달성할 수 없음을 증명하고자 한다. 세계를 소유하려고 하는 '욕망과 이성'의 철학 즉 '소유의 철학'으로는 인류 평화를 달성할 수 없으며, 인간은 본래존재로 돌아가야만 한다고 강변한다.

여성과 평화

박정진 지음 | 값 15,000원

이 책 『여성과 평화』는 가부장–권력–전쟁–국가로 대표되는 남성중심의 문명이 어머니–사랑–평화–가정으로 대표되는 여성중심의 문명으로 변화하는 것만이 인류 존속의 위기를 종식할 수 있다고 말한다. 저자는 이를 통해 대립, 갈등, 경쟁보다는 공존과 사랑, 평화가 함께하는 세계를 추구하며 이러한 평화세계의 완성을 위해서 현존하는 그 어떤 철학과 종교보다도 심정적 가치, 가정의 가치를 중시하는 통일사상, 두익(頭翼)사상의 연구와 전파가 절실히 필요하다는 점을 강조하고 있다.

사랑이 빚어내는 삶의 서정

조규빈 지음 | 값 15,000원

책『사랑이 빚어내는 삶의 서정』은 저자의 삶에서 겪은 사랑과 정을 수필로 써내려간 책이다. 저자는 1부에서 어머니의 모정을 통해 사랑과 정이 흐르는 곳을 먼저 말한다. 모정은 흔들림이나 변함이 없는 마음속 믿음에서 나오는 정이며, 숭고한 자기희생으로 그 싹을 틔워 열매를 맺는 사랑이자 정이다. 모든 행복은 사람의 관계에서 나오는 사랑과 정으로 이루어지는 것이다. 2부에서는 힘들고 팍팍한 삶이지만 그 속에서도 자연을 통해 마음을 가볍게 하고 삶을 버텨낼 수 있음을 말한다.

정동진 여정

조규빈 지음 | 값 13,000원

책『정동진 여정』은 점점 빛바래면서도 멈추지 않고 휘적휘적 가는 세월을 바라보며 그 기억을 글자로 옮기는 여정에 우리를 초대한다. 추억이 되었다고 그저 놔두기만 하면 망각의 너울을 벗지 못한다. 그러기에 희미해지기 전에 기록할 것을 은근히 전한다. "기록은, 그래서 필요하다"라는 저자의 말은 독자들의 마음에 여운을 남기며 삶의 의미와 기억 속 서정을 찾는 길잡이가 되어 줄 것이다.

나의 웰다잉 노트

박종현 지음 | 값 20,000원

책『나의 웰다잉 노트』는 저자의 생사학 연구가 빚은 산물이다. 저자가 말해주는 수많은 명구와 불교경전의 경구를 따라가다 보면, 죽음이란 오히려 받아들임으로써 현재의 삶을 윤택하게 하고 우리가 더 희망차고 행복한 미래를 향해 나아갈 수 있게 한다는 것을 깨닫는다. 사람답고 아름답게 죽음을 맞이하기 위해서 살아있는 동안 주위에 행복을 전하는 삶을 살며 자신이 죽은 뒤에도 뒤탈이 없도록 모든 것을 준비한 삶을 살아야 한다는 것이다.

심정진리의 숲길

조형국지음 | 값 15,000원

이 책『심정진리의 숲길』은 신(神)으로 상징되는 초월적이고 심정적인 영역을 배제하고 물질문명과 이성적 진보만으로 이루어진 서양 중심의 현대 문명은 필연적으로 한계를 드러내며 허무주의라는 함정으로 빠질 수밖에 없다는 점을 역설한다. 또한 허무주의로 가득 찬 현대 문명을 극복하기 위해서는 이성의 존재가 아닌 심정의 존재로서의 하느님을 중심으로 통일사상에서 말하는 '3대 축복의 삶'을 살아야 할 것이라는 점을 강조한다.